AF643113

Franziska Fulvio

DER JERSEY KLEIDER BAUKASTEN für Kids

1.000 Lieblingskleider nähen
in den Größen 98-146

DER WUNDERBARE KLEIDERBAUKASTEN

Welches Kind hat nicht ganz genaue Vorstellungen, wie das nächste Kleid im Kleiderschrank aussehen soll? Nicht immer findet man jedoch in der Kleiderauswahl der Geschäfte oder Onlineshops etwas, das dieser Vorstellung entspricht. Wie wäre es nun, wenn du das gewünschte Kleid ganz nach Wunsch individuell selbst gestalten könntest?

Mit diesem Buch kannst du bis zu 1000 verschiedene Jerseykleidervariationen in Größe 98 bis 146 nähen, indem du aus jeweils zehn verschiedenen Oberteilen, Ärmeln und Röcken wählst. Alle Teile können nach dem Baukastenprinzip miteinander kombiniert werden. So wird garantiert kein anderes Kind genau das gleiche Kleid haben.

Die Variationen kannst du durch die Auswahl der Jersey- oder French-Terry-Stoffe noch vermehren: ein Kleid mit Tellerrock aus rosa Jersey mit elastischer Spitze für die Hochzeitsfeier, ein Rüschenkleid aus geblümtem French Terry für den Nachmittag bei Oma und Opa oder ein Kapuzenkleid aus French Terry für die Schule. Deiner Kreativität sind keine Grenzen gesetzt. Mit diesem wunderbaren Kleiderbaukasten werden Träume wahr. Fang gleich an und kombiniere dein Lieblingskleid.

OBERTEILE

ÄRMEL

RÖCKE

DESIGNBEISPIELE

SO FUNKTIONIERT DIESES BUCH

Jedes Oberteil passt an jeden Rock und jeder Ärmel passt an jedes Oberteil. Alle Bausteine können untereinander kombiniert werden. Wie du dein Wunschkleid aus den einzelnen Bausteinen zusammensetzt, erfährst du hier.

1. Oberteil aussuchen

Suche dir aus dem Oberteilkapitel ab Seite 10 (Schnittmusterbogen 1A) ein Oberteil nach deinen Vorstellungen aus. Pause den Schnitt in der benötigten Größe (siehe Maßtabelle) ab und zeichne die Nahtzugaben des Modells rundherum an. Wie viel Nahtzugabe du jeweils ergänzen musst, kannst du in der Anleitung nachlesen. Schneide die Schnittmuster aus.

2. Ärmel aussuchen

Wähle nun den passenden Ärmel aus dem Ärmelkapitel ab Seite 22 (Schnittmusterbogen 1B) aus. Pause den Schnitt in der benötigten Größe mit den entsprechenden Nahtzugaben ab und schneide ihn aus.

3. Rock aussuchen

Zuletzt suchst du aus dem Rockkapitel ab Seite 34 (Schnittmusterbogen 2A und 2B) einen Rock nach Wunsch aus. Pause den Schnitt in der benötigten Größe ab, zeichne die Nahtzugaben an und schneide die Teile aus.

4. Stoff auswählen

Beim Stoff hast du mehrere Wahlmöglichkeiten. Klassischer Baumwolljersey eignet sich wunderbar für Alltagskleider. Viskosejersey ist besonders für etwas festlichere Kleider geeignet. Wenn du ein kuscheliges Winterkleid nähen möchtest, kannst du French Terry oder Sweat verwenden. Wenn du dich für Sweat entscheidest, solltest du das Kleid in der nächstgrößeren Größe nähen, denn Sweat ist nicht so dehnbar und das Kleid würde womöglich zu klein ausfallen.

5. Stoffmenge berechnen

In den Anleitungen sind die Stoffverbräuche für die einzelnen Elemente angegeben. Im Designkapitel ist jeweils angegeben, wie viel Material du für das jeweilige Kleid insgesamt benötigst. Es gibt drei Möglichkeiten, den Stoffverbrauch zu ermitteln.

- Du addierst jeweils den Stoffverbrauch für die Einzelbausteine. Achte dabei unbedingt auf die Stoffbreite. Bei manchen Teilen können sich mit dieser Methode höhere Verbräuche als notwendig ergeben.
- Du suchst bei den Designkleidern ein ähnliches Modell heraus und orientierst dich an den Angaben dort.
- Die sicherste Methode ist, die vorbereiteten Schnittmuster auf einem großen Tisch oder auch auf dem Fußboden auszubreiten. Markiere auf dem Boden die Breite des Stoffes (meist 140-160 cm) und lege die Schnittteile entsprechend aus. Anschließend kannst du den Stoffverbrauch einfach abmessen.

6. Stoff vorbereiten

Der Stoff sollte vor der Verarbeitung gewaschen und getrocknet werden. So stellst du sicher, dass das fertige Kleid bei der ersten Wäsche nicht einläuft und dann womöglich nicht mehr passt. Anschließend schneidest du alle Teile zu. Lege dazu die Schnittmuster auf den Stoff und schneide sie aus. Bei einigen Schnitten werden Bündchen, beispielsweise für die Ärmelsäume verwendet. Du kannst sie aus Bündchenstoff zuschneiden oder aus dem Stoff, den du für das Kleid verwendest.

7. Kleid nähen

Die Anleitungen folgen immer demselben Muster. Beginne mit dem Oberteil und folge den Anleitungsschritten dort. Sobald der Ärmel drankommt, verweist dich die Anleitung auf das entsprechende Kapitel. Zum Schluss wird immer der Rock angenäht. Je nach Baustein können sich kleine Unterschiede bei der Verarbeitung ergeben. Die Anleitungen für die Beispielkleider ab Seite 46 sind immer vollständig.

8. Individualisieren

Das fertige Kleid kannst du durch verschiedene Saumverarbeitungstechniken, Applikationen und andere Ideen noch individueller gestalten (ab Seite 92).

So wird das Traumkleid Realität

Unter www.topp-kreativ.de/digibib kannst du dir die Vorlage einer Kinder-Illustration herunterladen. Den Download-Code findest du im Impressum. Drucke die Vorlage aus, entscheide dich für je eine Ärmel-, Oberteil- oder Rockvariante und skizziere ganz einfach das persönliche Wunschkleid oder lass das Kind es selbst zeichnen.

MASSTABELLE

Für ein gut sitzendes Kleid ist richtiges Maßnehmen Voraussetzung. So werden die jeweiligen Maße abgenommen:

- KÖRPERGRÖSSE: Bei aufrechter Haltung vom Scheitel bis zur Sohle messen.
- BRUSTUMFANG: Das Maßband vorn auf die stärkste Stelle der Brust legen, unter den Armen hindurchführen.
- HÜFTUMFANG: Maßband waagerecht über die stärkste Stelle des Gesäßes legen.
- TAILLENUMFANG: Gemessen wird an der schmalsten Stelle des Rumpfes. Hier wird das Taillenband fixiert.
- ARMLÄNGE: Vom Schulterpunkt bis zur Handwurzel messen, dabei Ellbogen leicht anwinkeln.
- OBERARMUMFANG: Maßband um die stärkste Stelle des Oberarms legen.
- HALSANSATZUMFANG: Maßband am Übergang vom Hals zur Schulter locker um den Hals legen.

	98	104	110	116	122	128	134	140	146
Körpergröße	98	104	110	116	122	128	134	140	146
Brustumfang	55	56	57	58	61	64	67	70	73
Hüftumfang	57	59	61	63	66	69	72	75	78,5
Taillenumfang	52	53	54	55	56,5	58	59,5	61	62,5
Armlänge	33	35	37,5	40	42,5	45	47,5	50	52
Oberarmumfang	17,5	18	19	20	20,5	21,5	22	23	24
Halsansatzumfang	26,5	27	27	27,5	28	28,5	29,5	30	31

OBERTEILE

Ob klassischer Rundhalsausschnitt, Wickeloberteil oder ein Oberteil mit Kapuze - in diesem Kapitel findest du Anleitungen für zehn verschiedene Oberteile. Sie bilden die Basis für die Kleiderkombinationen. Alle Oberteile haben denselben Armausschnitt und dasselbe Taillenmaß. Die Oberteile unterscheiden sich lediglich in ihren Halslöchern, Verschlüssen und zusätzlichen Elementen wie Kragen, Kapuze oder Bündchen.

Du kannst die Oberteile komplett aus unifarbenem Jersey nähen. Die Schnitte sind aber so ausgelegt, dass du auch mit Bündchenware und French Terry in Kombination arbeiten und auch verschiedene Farbkombinationen ausprobieren kannst.

01 OBERTEIL MIT RUNDHALSAUSSCHNITT

GRÖSSE

98-146

Die Angaben für die unterschiedlichen Größen sind durch Schrägstriche getrennt.

MATERIAL

- **Baumwolljersey, 80 cm x 40 cm**

SCHNITT-MUSTER-BOGEN 1A

ZUSCHNITT

- **1x [O1] Vorderteil (im Stoffbruch)**
- **1x [O1] Rückteil (im Stoffbruch)**
- **1x Halsbündchen, 3 cm breit, 29/30/31/32/32/33/33/34/35 cm**

NAHT-ZUGABEN

- **Halsausschnitt: 0 cm**
- **Halsbündchen: 0 cm (7 mm Nahtzugabe enthalten)**
- **Übrige Nähte und Kanten: 7 mm (Overlock)/ 1 cm (Nähmaschine)**

1 Die Schulterkanten von Vorder- und Rückteil rechts auf rechts legen und mit der Overlock zusammennähen.

2 Das Halsbündchen rechts auf rechts legen und die kurzen Kanten zusammennähen. Eine der beiden langen Kanten versäubern. Die vordere Mitte markieren, das Halsbündchen markierungsgemäß rechts auf rechts mit der unversäuberten Kante an das Halsloch stecken, gleichmäßig verteilen und annähen. Das Halsbündchen um die Nahtzugabe schlagen und von der rechten Seite durchsteppen.

3 Die Ärmel einnähen (▶ S. 24-33).

4 Das Vorder- und Rückteil rechts auf rechts legen. Jeweils die rechte und linke Seiten- und Ärmelnaht mit der Overlock schließen.

5 Den Ärmelsaum absteppen (▶ S. 24-33).

6 Die Rockteile nähen (▶ S. 36-45).

7 Das Oberteil rechts auf rechts auf den Rock legen und an der Taillennaht mit der Overlock annähen.

02 OBERTEIL MIT BÜNDCHENAUSSCHNITT

GRÖSSE

98-146

Die Angaben für die unterschiedlichen Größen sind durch Schrägstriche getrennt.

MATERIAL

- **Baumwolljersey, 80 cm x 50 cm**

SCHNITT-MUSTER-BOGEN 1A

ZUSCHNITT

- **1x [02] Vorderteil (im Stoffbruch)**
- **1x [02] Rückteil (im Stoffbruch)**
- **1x Halsbündchen, 7,5 cm breit, 36/36/37/37/38/39/39/40/41 cm**

NAHT-ZUGABEN

- **Halsausschnitt: 0 cm**
- **Halsbündchen: 0 cm (7 mm Nahtzugabe enthalten)**
- **Übrige Nähte und Kanten: 7 mm (Overlock)/ 1 cm (Nähmaschine)**

1 Die Schulterkanten von Vorder- und Rückteil rechts auf rechts legen und mit der Overlock zusammennähen.

2 Das Halsbündchen links auf links zur Hälfte falten und bügeln. Anschließend an den kurzen Kanten rechts auf rechts legen und zu einem Ring zusammennähen. Das Halsbündchen an der gebügelten Kante in den Bruch legen und die offenen Kanten zusammenheften, dabei stark dehnen, damit das Bündchen später besser an das Halsloch angenäht werden kann. Die vordere Mitte markieren, das Bündchen markierungsgemäß rechts auf rechts an das Halsloch stecken, gleichmäßig verteilen und annähen.

3 Die Ärmel einnähen (▶ S. 24-33).

4 Das Vorder- und Rückteil rechts auf rechts legen. Jeweils die rechte und linke Seiten- und Ärmelnaht mit der Overlock schließen.

5 Den Ärmelsaum absteppen (▶ S. 24-33).

6 Die Rockteile nähen (▶ S. 36-45).

7 Das Oberteil rechts auf rechts auf den Rock legen und an der Taillennaht mit der Overlock annähen.

03 OBERTEIL MIT V-AUSSCHNITT

GRÖSSE

98-146

Die Angaben für die unterschiedlichen Größen sind durch Schrägstriche getrennt.

MATERIAL

- **Baumwolljersey, 80 cm x 40 cm**

SCHNITTMUSTERBOGEN 1A

ZUSCHNITT

- **1x [O3] Vorderteil (im Stoffbruch)**
- **1x [O3] Rückteil (im Stoffbruch)**
- **1x [O3] V-Einsatz (im Stoffbruch)**
- **1x Halsbündchen, 3 cm breit, 48/49/49/50/50/51/51/52/53 cm**

NAHTZUGABEN

- **Halsausschnitt: 0 cm**
- **Halsbündchen: 0 cm (7 mm Nahtzugabe enthalten)**
- **Übrige Nähte und Kanten: 7 mm (Overlock)/ 1 cm (Nähmaschine)**

1 Die Schulterkanten von Vorder- und Rückteil rechts auf rechts legen und mit der Overlock zusammennähen.

2 Im Vorderteil entlang des V-Ausschnitts im Abstand von 5 mm zur Kante eine Hilfsnaht setzen. Die Spitze des V-Ausschnitts vorsichtig bis kurz vor die Naht einschneiden. Das Halsbündchen rechts auf rechts legen und an den kurzen Kanten zum Ring zusammennähen. Eine der beiden langen Kanten versäubern. Die vordere und hintere Mitte markieren, das Halsbündchen markierungsgemäß rechts auf rechts mit der unversäuberten Kante an das Halsloch stecken, gleichmäßig verteilen und annähen, dabei den Stoff an der Spitze des V-Ausschnitts auf eine gerade Linie bringen. Das Halsbündchen um die Nahtzugabe schlagen und von der rechten Seite durchsteppen. Nun wird der Stoffüberschuss am V-Ausschnitt abgenäht. Dazu das Oberteil auf links wenden und in der vorderen Mitte in den Bruch legen. Mit Schneiderkreide eine Linie auf dem Bündchen einzeichnen, die von der Spitze nach oben zum Halsloch reicht. Das Bündchen entlang der Markierung abnähen. Das Oberteil auf rechts wenden.

3 Den V-Einsatz rundherum versäubern. Die obere Kante 7 mm umbügeln und bei 5 mm absteppen. Den V-Einsatz unter den Ausschnitt positionieren und in der Bündchennaht des Halslochs annähen.

4 Die Ärmel einnähen (▶ S. 24-33).

5 Das Vorder- und Rückteil rechts auf rechts legen. Jeweils die rechte und linke Seiten- und Ärmelnaht mit der Overlock schließen.

6 Den Ärmelsaum absteppen (▶ S. 24-33).

7 Die Rockteile nähen (▶ S. 36-45).

8 Das Oberteil rechts auf rechts auf den Rock legen und an der Taillennaht mit der Overlock annähen.

04 OBERTEIL MIT KNOPFLEISTE

GRÖSSE

98-146

MATERIAL

- **Baumwolljersey, 100 cm x 40 cm**
- **Bügeleinlage (Vlieseline H250), 30 cm x 20 cm**
- **5 Kam Snaps**

SCHNITT-MUSTER-BOGEN 1A

ZUSCHNITT

JERSEY

- **2x [O4] Vorderteil (gegengleich)**
- **1x [O4] Rückteil (im Stoffbruch)**
- **2x [O4] Knopfleiste**

BÜGELEINLAGE

- **2x [O4] Knopfleiste**

NAHT-ZUGABEN

- **Halsausschnitt: 7 mm**
- **Übrige Nähte und Kanten: 7 mm (Overlock)/ 1 cm (Nähmaschine)**

1 Die Knopfleisten mit der Bügeleinlage verstärken und jeweils an einer der langen Seiten versäubern. Die Knopfleisten längs mittig links auf links falten und bügeln und jeweils mit der unversäuberten Kante rechts auf rechts an die Vorderkante eines Vorderteils nähen. Die Nahtzugaben Richtung Knopfleiste bügeln.

2 Die Schulterkanten von Vorderteilen und Rückteil rechts auf rechts legen und mit der Overlock zusammennähen. Die Knopfleisten zur Hälfte zurückschlagen, sodass sie rechts auf rechts liegen, und am Halsausschnitt jeweils die Ecke abnähen. Die Ecken wenden, die Knopfleisten links auf links legen und an der Ansatzkante durchsteppen. Die beiden Vorderteile an der Unterkante so aufeinanderlegen, dass die beiden Knopfleisten genau übereinanderliegen. Die Unterkante an dieser Stelle zusammenheften. Den Halsausschnitt versäubern, 7 mm umbügeln und bei 5 mm absteppen.

3 Die Ärmel einnähen (▶ S. 24-33).

4 Das Vorder- und Rückteil rechts auf rechts legen. Jeweils die rechte und linke Seiten- und Ärmelnaht mit der Overlock schließen.

5 Den Ärmelsaum absteppen (▶ S. 24-33).

6 Die Rockteile nähen (▶ S. 36-45).

7 Das Oberteil rechts auf rechts auf den Rock legen und an der Taillennaht mit der Overlock annähen.

8 Die Position der Kam Snaps vom Schnitt auf die Knopfleiste übertragen und die Kam Snaps nach Packungsanleitung anbringen.

05 KAPUZENOBERTEIL

GRÖSSE

98-146

MATERIAL

- **Baumwolljersey, 160 cm breit, 60 cm**

SCHNITT-MUSTER-BOGEN 1A

ZUSCHNITT

- **1x [05] Vorderteil (im Stoffbruch)**
- **1x [05] Rückteil (im Stoffbruch)**
- **2x [05] Außenkapuze (gegengleich)**
- **2x [05] Innenkapuze (gegengleich)**
- **1x [05] Außenkapuzen-mittelteil (im Stoff-bruch)**
- **1x [05] Innenkapuzen-mittelteil (im Stoff-bruch)**

NAHT-ZUGABEN

- **Alle Nähte und Kanten: 7 mm (Overlock)/ 1 cm (Nähmaschine)**

1 Die Schulterkanten von Vorder- und Rückteil rechts auf rechts legen und mit der Overlock zusammennähen.

2 Das Außenkapuzenmittelteil rechts auf rechts an der langen Kante eines Außenkapuzenteils mit der Overlock annähen. Das Mittelteil genauso an die andere Außenkapuze nähen. Den Schritt mit den Schnittteilen für die Innenkapuze wiederholen. Die Außenkapuze rechts auf rechts in die Innenkapuze stecken und die Teile an der Kapuzenvorderkante mit der Overlock zusammennähen. Die Kapuze auf rechts wenden, die Vorderkante bügeln und bei 2,5 cm absteppen. Die rechte und linke Seite der Kapuze an der vorderen Mitte markierungsgemäß aufeinanderlegen und zusammenheften.

3 Die Kapuze rechts auf rechts an das Halsloch stecken, dabei darauf achten, dass die Markierungen für die vordere und hintere Mitte aufeinandertreffen. Die Kapuze mit der Overlock annähen.

4 Die Ärmel einnähen (▶ S. 24-33).

5 Das Vorder- und Rückteil rechts auf rechts legen. Jeweils die rechte und linke Seiten- und Ärmelnaht mit der Overlock schließen.

6 Den Ärmelsaum absteppen (▶ S. 24-33).

7 Die Rockteile nähen (▶ S. 36-45).

8 Das Oberteil rechts auf rechts auf den Rock legen und an der Taillennaht mit der Overlock annähen.

06 OBERTEIL MIT BUBIKRAGEN

GRÖSSE

98-146

MATERIAL

- **Baumwolljersey, 110 cm x 40 cm**
- **Bügeleinlage (Vlieseline H250), 50 cm x 25 cm**
- **Gummikordel, ø 2 mm, 5 cm**
- **1 Knopf, ø 5-10 mm**

SCHNITT-MUSTER-BOGEN 1A

ZUSCHNITT

JERSEY

- **1x [06] Vorderteil (im Stoffbruch)**
- **2x [06] Rückteil (gegengleich)**
- **4x [06] Kragen (je 2x gegengleich)**

BÜGELEINLAGE

- **2x [06] Kragen (gegengleich)**

NAHT-ZUGABEN

- **Kanten der hinteren Mitte: 1 cm**
- **Übrige Nähte und Kanten: 7 mm (Overlock)/ 1 cm (Nähmaschine)**

1 Die Kanten der hinteren Mitte an beiden Rückteilen versäubern. Die Rückteile rechts auf rechts legen und die Naht an der hinteren Mitte bis zur Markierung schließen. Nahtanfang und -ende gut verriegeln.

2 Die Schulterkanten von Vorder- und Rückteil rechts auf rechts legen und mit der Overlock zusammennähen.

3 Zwei gegengleiche Bubikragenteile mit der Bügeleinlage verstärken. Je ein verstärktes und ein unverstärktes Bubikragenteil rechts auf rechts legen und an der Außenkante und der hinteren Mitte zusammennähen. Die Teile wenden und die Kanten bügeln. Die Kragenteile an den Halsausschnitt stecken, dabei darauf achten, dass jeweils die Markierungen für die Schulternaht aufeinandertreffen. An der hinteren Mitte endet der Bubikragen 1 cm vor den Schlitzkanten. Den Kragen mit der Overlock annähen. Die Schlitzkanten in der hinteren Mitte rechts auf rechts 1 cm auf den Kragen klappen und den Umschlag an der Halslochkante annähen. Anschließend rundherum die Nahtzugabe am Hals absteppen. Aus der Gummikordel eine kleine Schlinge legen, sodass der Knopf gerade so durchpasst. Die Schlinge an die rechte Oberkante des Rückteils, den Knopf an die linke Oberkante des Rückteils nähen.

4 Die Ärmel einnähen (▶ S. 24-33).

5 Das Vorder- und Rückteil rechts auf rechts legen. Jeweils die rechte und linke Seiten- und Ärmelnaht mit der Overlock schließen.

6 Den Ärmelsaum absteppen (▶ S. 24-33).

7 Die Rockteile nähen (▶ S. 36-45).

8 Das Oberteil rechts auf rechts auf den Rock legen und an der Taillennaht mit der Overlock annähen.

07 OBERTEIL MIT SCHALKRAGEN

GRÖSSE

98-146

MATERIAL

- **Baumwolljersey, 140 cm breit, 60 cm**

SCHNITT-MUSTER-BOGEN 1A

ZUSCHNITT

- **1x [07] Vorderteil (im Stoffbruch)**
- **1x [07] Rückteil (im Stoffbruch)**
- **2x [07] Schalkragen (im Stoffbruch)**

NAHT-ZUGABEN

- **Alle Nähte und Kanten: 7 mm (Overlock)/ 1 cm (Nähmaschine)**

1 Die Schulterkanten von Vorder- und Rückteil rechts auf rechts legen und mit der Overlock zusammennähen.

2 Jeweils den äußeren und inneren Schalkragen rechts auf rechts legen und an der kurzen Kante zusammennähen. Den äußeren Schalkragen rechts auf rechts in den inneren Schalkragen stecken und an der längeren Außenkante mit der Overlock zusammennähen. Wenden und die Kante bügeln.

3 Den Schalkragen mit den offenen Kanten rechts auf rechts an das Halsloch stecken, dabei darauf achten, dass die Markierungen für die vordere und hintere Mitte aufeinandertreffen. Den Schalkragen rundherum mit der Overlock annähen.

4 Die Ärmel einnähen (▶ S. 24-33).

5 Das Vorder- und Rückteil rechts auf rechts legen. Jeweils die rechte und linke Seiten- und Ärmelnaht mit der Overlock schließen.

6 Den Ärmelsaum absteppen (▶ S. 24-33).

7 Die Rockteile nähen (▶ S. 36-45).

8 Das Oberteil rechts auf rechts auf den Rock legen und an der Taillennaht mit der Overlock annähen.

08 OBERTEIL MIT U-BOOT-AUSSCHNITT

GRÖSSE

98-146

Die Angaben für die unterschiedlichen Größen sind durch Schrägstriche getrennt.

MATERIAL

- **Baumwolljersey, 80 cm x 40 cm**

SCHNITT-MUSTER-BOGEN 1A

ZUSCHNITT

- **1x [08] Vorderteil (im Stoffbruch)**
- **1x [08] Rückteil (im Stoffbruch)**
- **1x Halsbündchen vorn, 2 cm breit, 22/22/22/22/23/ 23/23/24/24 cm**
- **1x Halsbündchen hinten, 2 cm breit, 21/21/21/21/22/ 22/22/23/23 cm**

NAHT-ZUGABEN

- **Halsausschnitt: 7 mm**
- **Halsbündchen: 0 cm (7 mm Nahtzugabe enthalten)**
- **Übrige Nähte und Kanten: 7 mm (Overlock)/ 1 cm (Nähmaschine)**

1 Die Halsbündchen an einer der beiden langen Kanten versäubern. Die vordere Mitte am vorderen Bündchen markieren, das Bündchen rechts auf rechts mit der unversäuberten Kante markierungsgemäß an das vordere Halsloch stecken und gleichmäßig verteilt annähen. Am hinteren Halsbündchen die hintere Mitte markieren, das Bündchen markierungsgemäß rechts auf rechts mit der unversäuberten Kante an das Halsloch stecken und gleichmäßig verteilt annähen. Die Halsbündchen nach innen schlagen und die Kanten bügeln. Den Halsausschnitt am Vorder- und Rückteil bei 5 mm auf der versäuberten Kante absteppen.

2 Die Schulterkanten von Vorder- und Rückteil rechts auf rechts legen und mit der Overlock zusammennähen. Die Nahtzugaben an der Schulter nach hinten legen und von Hand annähen, dabei darauf achten, dass die Nahtzugabe an der Ecke von außen nicht mehr sichtbar ist.

3 Die Ärmel einnähen (▶ S. 24-33).

4 Das Vorder- und Rückteil rechts auf rechts legen. Jeweils die rechte und linke Seiten- und Ärmelnaht mit der Overlock schließen.

5 Den Ärmelsaum absteppen (▶ S. 24-33).

6 Die Rockteile nähen (▶ S. 36-45).

7 Das Oberteil rechts auf rechts auf den Rock legen und an der Taillennaht mit der Overlock annähen.

09 WICKELOBERTEIL

GRÖSSE

98-146

Die Angaben für die unterschiedlichen Größen sind durch Schrägstriche getrennt.

MATERIAL

- **Baumwolljersey, 120 cm x 40 cm**

SCHNITT-MUSTER-BOGEN 1A

ZUSCHNITT

- **2x [O9] Vorderteil (gegengleich)**
- **1x [O9] Rückteil (im Stoffbruch)**
- **1x Halsbündchen, 3 cm breit, 70/72/74/76/78/80/82/85/88 cm**

NAHT-ZUGABEN

- **Halsausschnitt: 0 cm**
- **Halsbündchen: 0 cm (7 mm Nahtzugabe enthalten)**
- **Übrige Nähte und Kanten: 7 mm (Overlock)/ 1 cm (Nähmaschine)**

1 Die Schulterkanten von Vorderteilen und Rückteil rechts auf rechts legen und mit der Overlock zusammennähen.

2 Das Bündchen an einer der beiden langen Kanten versäubern. Die hintere Mitte markieren, das Bündchen markierungsgemäß rechts auf rechts mit der unversäuberten Kante an das Halsloch stecken, gleichmäßig verteilen und annähen. Das Halsbündchen um die Nahtzugabe schlagen und von der rechten Seite durchsteppen. Die beiden Vorderteile übereinanderlegen, an der vorderen Mitte zusammenstecken und heften.

3 Die Ärmel einnähen (▸ S. 24-33).

4 Vorderteile und Rückteil rechts auf rechts legen. An den Seitenkanten liegen nun durch die Wickeloptik im Vorderteil drei Stofflagen übereinander. Jeweils die rechte und linke Seiten- und Ärmelnaht mit der Overlock schließen.

5 Den Ärmelsaum absteppen (▸ S. 24-33).

6 Die Rockteile nähen (▸ S. 36-45).

7 Das Oberteil rechts auf rechts auf den Rock legen und an der Taillennaht mit der Overlock annähen. Die Heftfäden an der vorderen Mitte entfernen.

O10 BAHNENOBERTEIL

GRÖSSE

98-146

Die Angaben für die unterschiedlichen Größen sind durch Schrägstriche getrennt.

MATERIAL

- **Baumwolljersey, 100 cm x 40 cm**

SCHNITT-MUSTER-BOGEN 1A

ZUSCHNITT

- **1x [O10] Vorderteil Mitte (im Stoffbruch)**
- **2x [O10] Vorderteil Seite (gegengleich)**
- **1x [O10] Rückteil Mitte (im Stoffbruch)**
- **2x [O10] Rückteil Seite (gegengleich)**
- **1x Halsbündchen, 2 cm breit, 38,5/39/39,5/40/40,5/41/42/42,5/43,5 cm**

NAHT-ZUGABEN

- **Halsausschnitt: 0 cm**
- **Halsbündchen: 0 cm (7 mm Nahtzugabe enthalten)**
- **Übrige Nähte und Kanten: 7 mm (Overlock)/ 1 cm (Nähmaschine)**

1 Die seitlichen Vorderteile jeweils rechts auf rechts auf das mittlere Vorderteil legen und die Teilungsnähte mit der Overlock schließen. Den Schritt mit den Rückteilen wiederholen. Die Schulterkanten von Vorder- und Rückteil rechts auf rechts legen und mit der Overlock zusammennähen, dabei darauf achten, dass die Teilungsnähte von Vorder- und Rückteil genau aufeinandertreffen.

2 Das Halsbündchen rechts auf rechts legen und an den kurzen Kanten zum Ring zusammennähen. Eine der beiden langen Kanten versäubern. Die vordere Mitte markieren, das Bündchen markierungsgemäß rechts auf rechts mit der unversäuberten Kante an das Halsloch stecken, gleichmäßig verteilen und annähen. Das Halsbündchen nach innen umschlagen, bügeln und von der rechten Seite bei 5 mm durchsteppen.

3 Die Ärmel einnähen (▶ S. 24-33).

4 Das Vorder- und Rückteil rechts auf rechts legen. Jeweils die rechte und linke Seiten- und Ärmelnaht mit der Overlock schließen.

5 Den Ärmelsaum absteppen (▶ S. 24-33).

6 Die Rockteile nähen (▶ S. 36-45).

7 Das Oberteil rechts auf rechts auf den Rock legen und an der Taillennaht mit der Overlock annähen.

ÄRMEL

Im folgenden Kapitel findest du zehn verschiedene Ärmelvarianten - vom einfachen Ärmel in drei verschiedenen Längen bis zu verspielten Ärmeln mit Rüschen, Falten oder Bündchen. Jeder Ärmel passt an jedes Oberteil. Du kannst also wild, klassisch oder verspielt kombinieren.

Auch ein ärmelloses Kleid lässt sich mit den Schnitten des Kleiderbaukastens ohne Probleme nähen. Anstatt einen Ärmel anzunähen, wird der Armausschnitt entweder einfach versäubert, umgebügelt und abgesteppt oder mit einem Bündchen wie zum Beispiel beim Rundhalsausschnitt verarbeitet.

A1 KURZE ÄRMEL

GRÖSSE

98-146

MATERIAL

- Baumwolljersey, 60 cm x 20 cm

SCHNITT-MUSTER-BOGEN 1B

ZUSCHNITT

- 2x [A1] Ärmel (gegengleich)

NAHT-ZUGABEN

- Ärmelsaum: 1,5 cm
- Übrige Nähte und Kanten: 7 mm (Overlock)/ 1 cm (Nähmaschine)

1 Die Schulternähte am Oberteil schließen und das Halsbündchen annähen (▶ S. 12-21).

2 Die Ärmel rechts auf rechts am Armloch auf das Vorder- und Rückteil legen. Die mittlere Markierung am Ärmel trifft auf die Schulternaht. Die Ärmel mit der Overlock einnähen, dabei auf der Seite des Ärmels nähen. Die Ärmelsäume versäubern und 1,5 cm umbügeln.

3 Das Oberteil zusammennähen (▶ S. 12-21).

4 Die Ärmelsäume bei 1,2 cm absteppen.

5 Die Rockteile nähen (▶ S. 36-45).

6 Das Oberteil an den Rock nähen (▶ S. 12-21).

A2 PUFFÄRMEL

GRÖSSE

98-146

Die Angaben für die unterschiedlichen Größen sind durch Schrägstriche getrennt.

MATERIAL

- **Baumwolljersey, 70 cm x 20 cm**

SCHNITT-MUSTER-BOGEN 1B

ZUSCHNITT

- **2x [A2] Ärmel (gegengleich)**
- **2x Ärmelbündchen, 7,5 cm breit, 17/18/18,5/19/20/ 21/21,5/22,5/23,5 cm**

NAHT-ZUGABEN

- **Ärmelbündchen: 0 cm (7 mm Nahtzugabe enthalten)**
- **Übrige Nähte und Kanten: 7 mm (Overlock)/ 1 cm (Nähmaschine)**

1 Die Schulternähte schließen und das Halsbündchen annähen (▶ S. 12-21).

2 An den Ärmeln die Kante entlang der Armkugel zwischen den beiden Markierungen raffen (▶ S. 103), sodass sie die Länge des Armlochs erreicht. Anfang und Ende der Rafffäden verknoten. Die Ärmelsäume ebenfalls zwischen den Markierungen auf die Länge des Ärmelbündchens raffen. Die Fadenenden verknoten.

3 Die Ärmel rechts auf rechts am Armloch auf das Vorder- und Rückteil legen. Die mittlere Markierung am Ärmel trifft auf die Schulternaht. Den Ärmel mit der Overlock einnähen, dabei auf der Seite des Ärmels nähen. Beim Nähen darauf achten, dass die Kräusel gleichmäßig verteilt werden.

4 Die Ärmelbündchen jeweils rechts auf rechts legen und an den kurzen Kanten zum Ring zusammennähen. Die Ärmelbündchen links auf links zur Hälfte falten und in der Nahtzugabe zusammenstecken.

5 Das Oberteil zusammennähen (▶ S. 12-21).

6 Die Ärmelbündchen rechts auf rechts an die Ärmelsäume legen und mit der Overlock annähen. Dabei darauf achten, dass die Kräusel gleichmäßig verteilt sind.

7 Die Rockteile nähen (▶ S. 36-45).

8 Das Oberteil an den Rock nähen (▶ S. 12-21).

A3 KÄPPCHENÄRMEL

GRÖSSE

98-146

Die Angaben für die unterschiedlichen Größen sind durch Schrägstriche getrennt.

MATERIAL

- **Baumwolljersey, 50 cm x 15 cm**

SCHNITT-MUSTER-BOGEN 1B

ZUSCHNITT

- **2x [A3] Ärmel (gegengleich)**
- **2x Ärmelbündchen, 3 cm breit, 15/15,5/16,0/16,5/17/17,5/18/18,5/19 cm**

NAHT-ZUGABEN

- **Ärmelsaum: 0 cm**
- **Ärmelbündchen: 0 cm (7 mm Nahtzugabe enthalten)**
- **Übrige Nähte und Kanten: 7 mm (Overlock)/ 1 cm (Nähmaschine)**

1 Die Schulternähte schließen und das Halsbündchen annähen (▶ S. 12-21).

2 Das Oberteil an den Seitenkanten zusammennähen (▶ S. 12-21).

3 Die Ärmelbündchen an einer langen Kante versäubern und rechts auf rechts mit der unversäuberten Kante an die Ärmelsäume nähen. Die Bündchen um die Nahtzugabe schlagen und von der rechten Seite durchsteppen. Die Ärmel rechts auf rechts in die Armlöcher stecken. Die mittlere Markierung am Ärmel trifft auf die Schulternaht. Der Ärmelsaum trifft jeweils auf die Vorder- und Rückteilmarkierung am Armausschnitt. Die Ärmel mit der Overlock einnähen, dabei auf dem Ärmel nähen und gleichzeitig den unteren Armausschnitt versäubern. Die Nahtzugabe am unteren Armausschnitt 7 mm umschlagen und bei 5 mm absteppen.

4 Die Rockteile nähen (▶ S. 36-45).

5 Das Oberteil an den Rock nähen (▶ S. 12-21).

A4 RÜSCHENÄRMEL

GRÖSSE

98-146

Die Angaben für die unterschiedlichen Größen sind durch Schrägstriche getrennt.

MATERIAL

- **Baumwolljersey, 110 cm x 25 cm**

SCHNITT-MUSTER-BOGEN 1B

ZUSCHNITT

- **2x [A4] Ärmel (gegengleich)**
- **2x Rüsche, 7,5 cm breit, 34/36/37,5/39/40,5/42/43,5/45/47 cm**

NAHT-ZUGABEN

- **Rüsche: 0 cm (7 mm Nahtzugabe enthalten)**
- **Übrige Nähte und Kanten: 7 mm (Overlock)/ 1 cm (Nähmaschine)**

1 Die Schulternähte schließen und das Halsbündchen annähen (▶ S. 12-21).

2 Die Ärmel rechts auf rechts am Armloch auf das Vorder- und Rückteil legen. Die mittlere Markierung am Ärmel trifft auf die Schulternaht. Die Ärmel mit der Overlock einnähen, dabei auf der Seite des Ärmels nähen.

3 Die Rüschen jeweils an den kurzen Kanten rechts auf rechts legen und zum Ring zusammennähen. Die Rüschen links auf links in der Hälfte falten und die offenen Kanten zusammengenommen auf das Maß des Ärmelsaums raffen (▶ S. 103).

4 Das Oberteil zusammennähen (▶ S. 12-21).

5 Die Rüschen rechts auf rechts an die Ärmelsäume legen und mit der Overlock annähen, dabei darauf achten, dass die Kräusel gleichmäßig verteilt werden.

6 Die Rockteile nähen (▶ S. 36-45).

7 Das Oberteil an den Rock nähen (▶ S. 12-21).

A5 BÜNDCHENÄRMEL

GRÖSSE

98-146

Die Angaben für die unterschiedlichen Größen sind durch Schrägstriche getrennt.

MATERIAL

- **Baumwolljersey, 70 cm x 40 cm (Gr. 98-122)/ 80 cm x 50 cm (Gr. 128-146)**

SCHNITT-MUSTER-BOGEN 1B

ZUSCHNITT

- **2x [A5] Ärmel (gegengleich)**
- **2x Ärmelbündchen, 9,5 cm breit, 14,5/15/15/ 15,5/16/16/16,5/17/17 cm**

NAHT-ZUGABEN

- **Ärmelbündchen: 0 cm (7 mm Nahtzugabe enthalten)**
- **Übrige Nähte und Kanten: 7 mm (Overlock)/ 1 cm (Nähmaschine)**

1 Die Schulternähte schließen und das Halsbündchen annähen (▶ S. 12-21).

2 Die Ärmel rechts auf rechts am Armausschnitt auf das Vorder- und Rückteil legen. Die mittlere Markierung am Ärmel trifft auf die Schulternaht. Die Ärmel mit der Overlock einnähen, dabei auf der Seite des Ärmels nähen.

3 Das Oberteil zusammennähen (▶ S. 12-21).

4 Die Ärmelbündchen jeweils an den kurzen Kanten rechts auf rechts legen und zum Ring zusammennähen. Die Ärmelbündchen links auf links zur Hälfte falten und aufeinanderstecken. Die Ärmelbündchen rechts auf rechts an die Ärmelsäume stecken. Die Weite gleichmäßig verteilen und die Ärmelbündchen mit der Overlock annähen.

5 Die Rockteile nähen (▶ S. 36-45).

6 Das Oberteil an den Rock nähen (▶ S. 12-21).

A6 FLÜGELÄRMEL

1 Die Schulternähte schließen und das Halsbündchen annähen (▶ S. 12-21).

2 Die Ärmel rechts auf rechts am Armausschnitt auf das Vorder- und Rückteil legen. Die mittlere Markierung an den Ärmeln trifft auf die Schulternaht. Die Ärmel mit der Overlock einnähen, dabei auf der Seite des Ärmels nähen. Die Ärmelsäume versäubern und 1 cm umbügeln.

3 Das Oberteil zusammennähen (▶ S. 12-21).

4 Die Ärmelsäume bei 8 mm absteppen.

5 Die Rockteile nähen (▶ S. 36-45).

6 Das Oberteil an den Rock nähen (▶ S. 12-21).

GRÖSSE

98-146

MATERIAL

- **Baumwolljersey, 65 cm x 20 cm**

SCHNITT-MUSTER-BOGEN 1B

ZUSCHNITT

- **2x [A6] Ärmel (gegengleich)**

NAHT-ZUGABEN

- **Ärmelsaum: 1 cm**
- **Übrige Nähte und Kanten: 7 mm (Overlock)/ 1 cm (Nähmaschine)**

A7 DREIVIERTELÄRMEL

GRÖSSE

98-146

Die Angaben für die unterschiedlichen Größen sind durch Schrägstriche getrennt.

MATERIAL

- **Baumwolljersey, 50 cm x 30 cm (Gr. 98-122)/ 55 cm x 40 cm (Gr. 128-146)**

SCHNITT-MUSTER-BOGEN 1B

ZUSCHNITT

- **2x [A7] Ärmel (gegengleich)**

NAHT-ZUGABEN

- **Ärmelsaum: 1,5 cm**
- **Übrige Nähte und Kanten: 7 mm (Overlock)/ 1 cm (Nähmaschine)**

1 Die Schulternähte schließen und das Halsbündchen annähen (▶ S. 12-21).

2 Die Ärmel rechts auf rechts am Armausschnitt auf das Vorder- und Rückteil legen. Die mittlere Markierung an den Ärmeln trifft auf die Schulternaht. Die Ärmel mit der Overlock einnähen, dabei auf der Seite des Ärmels nähen. Den Ärmelsaum versäubern und 1,5 cm umbügeln.

3 Das Oberteil zusammennähen (▶ S. 12-21).

4 Die Ärmelsäume bei 1,2 cm absteppen.

5 Die Rockteile nähen (▶ S. 36-45).

6 Das Oberteil an den Rock nähen (▶ S. 12-21).

A8 WEITE ÄRMEL MIT KRÄUSELN

1 Die Schulternähte schließen und das Halsbündchen annähen (▶ S. 12-21).

2 An den Ärmeln die Kante entlang der Armkugel zwischen den beiden Markierungen raffen (▶ S. 103), sodass sie die Länge des Armlochs erreichen. Anfang und Ende des Reihfadens verknoten.

3 Die Ärmel rechts auf rechts am Armloch auf das Vorder- und Rückteil legen. Die mittlere Markierung an den Ärmeln trifft auf die Schulternaht. Die Ärmel mit der Overlock einnähen, dabei auf der Seite des Ärmels nähen. Beim Nähen darauf achten, dass die Kräusel gleichmäßig verteilt werden.

4 Das Oberteil zusammennähen (▶ S. 12-21).

5 Den Ärmelsaum mit einem Rollsaum verarbeiten (▶ S. 92).

6 Die Rockteile nähen (▶ S. 36-45).

7 Das Oberteil an den Rock nähen (▶ S. 12-21).

GRÖSSE

98-146

MATERIAL

- **Baumwolljersey, 100 cm x 25 cm**

SCHNITT-MUSTER-BOGEN 1B

ZUSCHNITT

- **2x [A8] Ärmel (gegengleich)**

NAHT-ZUGABEN

- **Ärmelsaum: 0 cm**
- **Übrige Nähte und Kanten: 7 mm (Overlock)/ 1 cm (Nähmaschine)**

A9 FALTENÄRMEL

GRÖSSE

98-146

Die Angaben für die unterschiedlichen Größen sind durch Schrägstriche getrennt.

MATERIAL

- **Baumwolljersey, 80 cm x 40 cm (Gr. 98-122)/ 90 cm x 55 cm (Gr. 128-146)**

SCHNITT-MUSTER-BOGEN 1B

ZUSCHNITT

- **2x [A9] Ärmel (gegengleich)**
- **2x Ärmelbündchen, 11,5 cm breit, 16/16,5/17/ 17/17,5/18/18/18,5/19 cm**

NAHT-ZUGABEN

- **Ärmelbündchen: 0 cm (7 mm Nahtzugabe enthalten)**
- **Übrige Nähte und Kanten: 7 mm (Overlock)/ 1 cm (Nähmaschine)**

1 Die Schulternähte schließen und das Halsbündchen annähen (▶ S. 12-21).

2 Die Falten an den Ärmelsäumen gemäß Markierung in eine Richtung legen und heften. Die Ärmel rechts auf rechts am Armausschnitt auf das Vorder- und Rückteil legen. Die mittlere Markierung an den Ärmeln trifft auf die Schulternaht. Die Ärmel mit der Overlock einnähen, dabei auf der Seite des Ärmels nähen.

3 Das Oberteil zusammennähen (▶ S. 12-21).

4 Die Ärmelbündchen jeweils rechts auf rechts legen und an den kurzen Kanten zu einem Ring zusammennähen. Anschließend links auf links in der Hälfte falten und aufeinanderstecken. Die Ärmelbündchen rechts auf rechts an den Ärmelsaum stecken. Die Weite gleichmäßig verteilen und die Ärmelbündchen mit der Overlock annähen.

5 Die Rockteile nähen (▶ S. 36-45).

6 Das Oberteil an den Rock nähen (▶ S. 12-21).

A10 LANGE ÄRMEL

GRÖSSE

98-146

Die Angaben für die unterschiedlichen Größen sind durch Schrägstriche getrennt.

MATERIAL

- **Baumwolljersey, 50 cm x 50 cm (Gr. 98-122)/ 60 cm x 60 cm (Gr. 128-146)**

SCHNITT-MUSTER-BOGEN 1B

ZUSCHNITT

- **2x [A10] Ärmel (gegengleich)**

NAHT-ZUGABEN

- **Ärmelsaum: 1,5 cm**
- **Übrige Nähte und Kanten: 7 mm (Overlock)/ 1 cm (Nähmaschine)**

1 Die Schulternähte schließen und das Halsbündchen annähen (▶ S. 12-21).

2 Die Ärmel rechts auf rechts am Armausschnitt auf das Vorder- und Rückteil legen. Die mittlere Markierung am Ärmel trifft auf die Schulternaht. Die Ärmel mit der Overlock einnähen, dabei auf der Seite des Ärmels nähen. Den Ärmelsaum versäubern und 1,5 cm umbügeln.

3 Das Oberteil zusammennähen (▶ S. 12-21).

4 Den Ärmelsaum bei 1,2 cm absteppen.

5 Die Rockteile nähen (▶ S. 36-45).

6 Das Oberteil an den Rock nähen (▶ S. 12-21).

RÖCKE

Den Abschluss eines Kleides bildet immer der Rock. Im letzten Baukastenkapitel sind zehn Röcke in unterschiedlichen Längen und Weiten versammelt, mit und ohne Taschen sowie mit Rüschen oder Falten. Die Rocksäume können auf verschiedene Weise verarbeitet werden. Angenähte Bündchen, Rollsäume oder ein Abschluss aus Spitze geben jedem Rock einen besonderen Stil. Du kannst bei den Materialien Jersey oder French Terry mit Bündchenstoff individuell kombinieren und die Röcke mit elastischen Paspel- oder Einfassbändern noch persönlicher gestalten.

R1 MIDIROCK

GRÖSSE

98-146

Die Angaben für die unterschiedlichen Größen sind durch Schrägstriche getrennt.

MATERIAL

- **Baumwolljersey, 80 cm x 40 cm (Gr. 98-122)/ 90 cm x 55 cm (Gr. 128-146)**

SCHNITT-MUSTER-BOGEN 2A

ZUSCHNITT

- **2x [R1] Rock (im Stoffbruch)**

NAHT-ZUGABEN

- **Saum: 1,5 cm**
- **Übrige Nähte und Kanten: 7 mm (Overlock)/ 1 cm (Nähmaschine)**

1 Die Schulternähte schließen und das Halsbündchen annähen (▶ S. 12-21).

2 Die Ärmel einnähen (▶ S. 24-33).

3 Das Oberteil zusammennähen (▶ S. 12-21).

4 Den Ärmelsaum absteppen (▶ S. 24-33).

5 Die Rockteile rechts auf rechts legen und an den Seitenkanten mit der Overlock zusammennähen. Den Saum versäubern und 1,5 cm umbügeln. Den Rocksaum bei 1,2 cm absteppen.

6 Das Oberteil rechts auf rechts auf den Rock legen und an der Taillennaht mit der Overlock annähen.

R2 BALLONROCK

GRÖSSE

98-146

MATERIAL

- **Baumwolljersey, 160 cm breit, 1,20 m**

SCHNITT-MUSTER-BOGEN 2A

ZUSCHNITT

- **2x [R2] Rock (im Stoffbruch)**
- **2x [R2] Unterrock (im Stoffbruch)**

NAHT-ZUGABEN

- **Alle Nähte und Kanten: 7 mm (Overlock)/ 1 cm (Nähmaschine)**

1 Die Schulternähte schließen und das Halsbündchen annähen (▶ S. 12-21).

2 Die Ärmel einnähen (▶ S. 24-33).

3 Das Oberteil zusammennähen (▶ S. 12-21).

4 Den Ärmelsaum absteppen (▶ S. 24-33).

5 Die Falten an beiden Rockteilen markierungsgemäß legen und festheften. Die Rockteile rechts auf rechts legen und an den Seitenkanten mit der Overlock zusammennähen. Die Unterrockteile rechts auf rechts legen und an den Seitenkanten mit der Overlock zusammennähen. Den Rock rechts auf rechts auf den Unterrock legen und an der Saumkante mit der Overlock zusammennähen. Den Unterrock nach innen wenden und die Stofflagen an der Taillenkante in der Nahtzugabe zusammenheften.

6 Das Oberteil rechts auf rechts auf den Rock legen und an der Taillennaht mit der Overlock zusammennähen.

R3 ROCK MIT SEITENSCHLITZEN

GRÖSSE

98-146

Die Angaben für die unterschiedlichen Größen sind durch Schrägstriche getrennt.

MATERIAL

- **Baumwolljersey, 80 cm x 45 cm (Gr. 98-122)/ 100 cm x 60 cm (Gr. 128-146)**

SCHNITT-MUSTER-BOGEN 2A

ZUSCHNITT

- **1x [R3] Vorderrock (im Stoffbruch)**
- **1x [R3] Hinterrock (im Stoffbruch)**

NAHT-ZUGABEN

- **Seitenkante und Saum: 1 cm**
- **Übrige Nähte und Kanten: 7 mm (Overlock)/ 1 cm (Nähmaschine)**

1 Die Schulternähte schließen und das Halsbündchen annähen (▶ S. 12-21).

2 Die Ärmel einnähen (▶ S. 24-33).

3 Das Oberteil zusammennähen (▶ S. 12-21).

4 Den Ärmelsaum absteppen (▶ S. 24-33).

5 Die Seitenkanten des Vorder- und Hinterrocks und den Saum beider Rockteile versäubern. Vorder- und Hinterrock rechts auf rechts legen und an den Seitenkanten bis zur Schlitzmarkierung zusammennähen. Die restliche Nahtzugabe am Schlitz 1 cm umbügeln. Den Saum ebenfalls 1 cm umbügeln. An den vier Schlitzecken eine Briefecke (▶ S. 103) abnähen. Den Saum und den Schlitz bei 7 mm absteppen.

6 Das Oberteil rechts auf rechts auf den Rock legen und an der Taillennaht mit der Overlock annähen.

R4 RÜSCHENROCK

GRÖSSE

98-146

Die Angaben für die unterschiedlichen Größen sind durch Schrägstriche getrennt.

MATERIAL

- **Baumwolljersey, 160 cm breit, 90 cm (Gr. 98-122)/ 1,20 m (Gr. 128-146)**

SCHNITT-MUSTER-BOGEN 2A

ZUSCHNITT

- **2x [R4] Rock oben (im Stoffbruch)**
- **2x [R4] Rock Mitte (im Stoffbruch)**
- **2x [R4] Rock unten (im Stoffbruch)**

NAHT-ZUGABEN

- **Saum: 1,5 cm**
- **Übrige Nähte und Kanten: 7 mm (Overlock)/ 1 cm (Nähmaschine)**

1 Die Schulternähte schließen und das Halsbündchen annähen (▶ S. 12-21).

2 Die Ärmel einnähen (▶ S. 24-33).

3 Das Oberteil zusammennähen (▶ S. 12-21).

4 Den Ärmelsaum absteppen (▶ S. 24-33).

5 Jeweils die oberen, mittleren und unteren Rockteile rechts auf rechts legen und an den Seitenkanten mit der Overlock zusammennähen.

6 Die Unterkante des unteren Rockteils versäubern, 1,5 cm umbügeln und bei 1,2 cm absteppen. Die Oberkante des unteren Rockteils auf die Länge der Unterkante des mittleren Rockteils raffen (▶ S. 103). Beide Teile rechts auf rechts legen und mit der Overlock zusammennähen. Dabei darauf achten, dass die Heftnaht vom Raffen mit abgenäht wird. Die Oberkante des mittleren Rockteils genauso raffen und an die Unterkante des oberen Rockteils nähen.

7 Die Oberkante des oberen Rockteils auf die Länge der Taillennaht raffen, rechts auf rechts an das Oberteil legen und an der Taillennaht mit der Overlock annähen.

R5 ROCK MIT TASCHEN

GRÖSSE

98-146

Die Angaben für die unterschiedlichen Größen sind durch Schrägstriche getrennt.

MATERIAL

- **Baumwolljersey, 160 cm breit, 50 cm (Gr. 98-122)/ 60 cm (Gr. 128-146)**

SCHNITT-MUSTER-BOGEN 2A

ZUSCHNITT

- **1x [R5] Vorderrock (im Stoffbruch)**
- **1x [R5] Hinterrock (im Stoffbruch)**
- **2x [R5] Taschenbeutel (gegengleich)**
- **2x Taschenbündchen, 4,5 cm breit, 15/17/18/19/20/ 21/22/23/24 cm**
- **2x Rockbündchen, 11,5 cm breit, 31/32/33/34/35/ 37/38/40/41 cm**

NAHT-ZUGABEN

- **Bündchen: 0 mm (7 mm Nahtzugabe enthalten)**
- **Übrige Nähte und Kanten: 7 mm (Overlock)/ 1 cm (Nähmaschine)**

1 Die Schulternähte schließen und das Halsbündchen annähen (▶ S. 12-21).

2 Die Ärmel einnähen (▶ S. 24-33).

3 Das Oberteil zusammennähen (▶ S. 12-21).

4 Den Ärmelsaum absteppen (▶ S. 24-33).

5 Die Taschenbündchen längs links auf links zur Hälfte legen und bügeln. An den offenen Kanten zusammennähen, dabei stark ziehen, sodass sich diese Kante ausdehnt, dies erleichtert später das Annähen der Bündchen an die Taschen. Die Taschenbündchen jeweils rechts auf rechts an die Tascheneingriffe im Vorderrock legen und mit der Overlock annähen. Die Nahtzugaben Richtung Rock bügeln und die Bündchen gegebenenfalls noch etwas einbügeln.

6 Die Außenkante der Taschenbeutel versäubern. Die Taschenbeutel markierungsgemäß unter den Vorderrock legen und mit Stecknadeln fixieren. Nach Wunsch die Form der Taschenbeutel mit Kreide anzeichnen, um das Annähen zu erleichtern. Die Kontur der Taschenbeutel absteppen. Die Taschenbeutel an der Oberkante und an den Seitenkanten in der Nahtzugabe auf den Vorderrock heften.

7 Die Rockteile rechts auf rechts legen und an den Seitenkanten mit der Overlock zusammennähen. Die Rockbündchenteile rechts auf rechts legen und an den kurzen Kanten zu einem Ring schließen. Das Bündchen längs zur Hälfte legen, bügeln und rechts auf rechts an den Rocksaum stecken. Die Weite gleichmäßig verteilen und das Bündchen mit der Overlock annähen.

8 Das Oberteil rechts auf rechts auf den Rock legen und an der Taillennaht mit der Overlock annähen.

R6 MAXIROCK

1 Die Schulternähte schließen und das Halsbündchen annähen (▶ S. 12-21).

2 Die Ärmel einnähen (▶ S. 24-33).

3 Das Oberteil zusammennähen (▶ S. 12-21).

4 Den Ärmelsaum absteppen (▶ S. 24-33).

5 Die Rockteile rechts auf rechts legen und an den Seitenkanten mit der Overlock zusammennähen. Den Saum versäubern und 1,5 cm umbügeln. Den Rocksaum bei 1,2 cm absteppen.

6 Die Oberkante des Rocks auf das Taillenmaß des Oberteils raffen (▶ S. 103).

7 Das Oberteil rechts auf rechts auf den Rock legen und an der Taillennaht mit der Overlock annähen.

GRÖSSE

98-146

Die Angaben für die unterschiedlichen Größen sind durch Schrägstriche getrennt.

MATERIAL

- **Baumwolljersey, 120 cm x 75 cm (Gr. 98-122)/ 140 cm x 85 cm (Gr. 128-146)**

SCHNITTMUSTERBOGEN 2B

ZUSCHNITT

- **2x [R6] Rock (im Stoffbruch)**

NAHTZUGABEN

- **Saum: 1,5 cm**
- **Übrige Nähte und Kanten: 7 mm (Overlock)/ 1 cm (Nähmaschine)**

R7 MINIROCK

GRÖSSE

98-146

Die Angaben für die unterschiedlichen Größen sind durch Schrägstriche getrennt.

MATERIAL

- **Baumwolljersey, 160 cm breit, 35 cm (Gr. 98-122)/ 50 cm (Gr. 128-146)**

SCHNITT-MUSTER-BOGEN 2B

ZUSCHNITT

- **1x [R7] Vorderrock (im Stoffbruch)**
- **1x [R7] Hinterrock (im Stoffbruch)**
- **2x [R7] Taschenbeutel vorn (gegengleich)**
- **2x [R7] Taschenbeutel hinten (gegengleich)**

NAHT-ZUGABEN

- **Saum: 1,5 cm**
- **Übrige Nähte und Kanten: 7 mm (Overlock)/ 1 cm (Nähmaschine)**

1 Die Schulternähte schließen und das Halsbündchen annähen (▶ S. 12-21).

2 Die Ärmel einnähen (▶ S. 24-33).

3 Das Oberteil zusammennähen (▶ S. 12-21).

4 Den Ärmelsaum absteppen (▶ S. 24-33).

5 Die vorderen Taschenbeutel rechts auf rechts auf den Vorderrock legen und am Tascheneingriff mit der Overlock annähen. Den Taschenbeutel nach innen schlagen und die Kante bügeln. Den hinteren Taschenbeutel rechts auf rechts auf den vorderen Taschenbeutel legen, feststecken und die Taschenbeutel mit der Overlock zusammennähen. Die Taschenbeutel an der oberen und seitlichen Kante in der Nahtzugabe festheften. Die Rockteile rechts auf rechts legen und an den Seitenkanten mit der Overlock zusammennähen. Den Saum versäubern und 1,5 cm umbügeln. Den Rocksaum bei 1,2 cm absteppen.

6 Das Oberteil rechts auf rechts auf den Rock legen und an der Taillennaht mit der Overlock annähen.

R8 TELLERROCK

1 Die Schulternähte schließen und das Halsbündchen annähen (▶ S. 12-21).

2 Die Ärmel einnähen (▶ S. 24-33).

3 Das Oberteil zusammennähen (▶ S. 12-21).

4 Den Ärmelsaum absteppen (▶ S. 24-33).

5 Die Rockteile rechts auf rechts legen und an den Seitenkanten mit der Overlock zusammennähen. Den Saum versäubern und 1 cm umbügeln. Den Rocksaum bei 7 mm absteppen.

6 Das Oberteil rechts auf rechts auf den Rock legen und an der Taillennaht mit der Overlock anähen.

GRÖSSE

98-146

Die Angaben für die unterschiedlichen Größen sind durch Schrägstriche getrennt.

MATERIAL

- **Baumwolljersey, 160 cm breit, 90 cm (Gr. 98-122)/ 1,30 m (Gr. 128-146)**

SCHNITTMUSTERBOGEN 2B

ZUSCHNITT

- **2x [R8] Rock (im Stoffbruch)**

NAHTZUGABEN

- **Saum: 1 cm**
- **Übrige Nähte und Kanten: 7 mm (Overlock)/ 1 cm (Nähmaschine)**

R9 FALTENROCK

GRÖSSE

98-146

Die Angaben für die unterschiedlichen Größen sind durch Schrägstriche getrennt.

MATERIAL

- **Baumwolljersey, 100 cm x 40 cm (Gr. 98-122)/ 120 cm x 55 cm (Gr. 128-146)**

SCHNITT-MUSTER-BOGEN 2B

ZUSCHNITT

- **2x [R9] Rock (im Stoffbruch)**

NAHT-ZUGABEN

- **Saum: 1,5 cm**
- **Übrige Nähte und Kanten: 7 mm (Overlock)/ 1 cm (Nähmaschine)**

1 Die Schulternähte schließen und das Halsbündchen annähen (▶ S. 12-21).

2 Die Ärmel einnähen (▶ S. 24-33).

3 Das Oberteil zusammennähen (▶ S. 12-21).

4 Den Ärmelsaum absteppen (▶ S. 24-33).

5 Die Falten an beiden Rockteilen markierungsgemäß legen und festheften. Die Rockteile rechts auf rechts legen und an den Seitenkanten mit der Overlock zusammennähen. Den Saum versäubern und 1,5 cm umbügeln. Den Rocksaum bei 1,2 cm absteppen.

6 Das Oberteil rechts auf rechts auf den Rock legen und an der Taillennaht mit der Overlock annähen.

R10 BAHNENROCK

1 Die Schulternähte schließen und das Halsbündchen annähen (▶ S. 12-21).

2 Die Ärmel einnähen (▶ S. 24-33).

3 Das Oberteil zusammennähen (▶ S. 12-21).

4 Den Ärmelsaum absteppen (▶ S. 24-33).

5 Die seitlichen Rockteile jeweils rechts auf rechts auf das mittlere Rockteil legen und an den Teilungsnähten mit der Overlock zusammennähen. Die Rockteile rechts auf rechts legen und an den Seitenkanten mit der Overlock zusammennähen. Den Saum versäubern und 1,5 cm umbügeln. Den Rocksaum bei 1,2 cm absteppen.

6 Das Oberteil rechts auf rechts auf den Rock legen und an der Taillennaht mit der Overlock annähen.

GRÖSSE

98-146

Die Angaben für die unterschiedlichen Größen sind durch Schrägstriche getrennt.

MATERIAL

- **Baumwolljersey, 100 cm x 40 cm (Gr. 98-122)/ 120 cm x 55 cm (Gr. 128-146)**

SCHNITTMUSTERBOGEN 2B

ZUSCHNITT

- **2x [R10] Rock Mitte (im Stoffbruch)**
- **4x [R10] Rock Seite (je 2x gegengleich)**

NAHTZUGABEN

- **Saum: 1,5 cm**
- **Übrige Nähte und Kanten: 7 mm (Overlock)/ 1 cm (Nähmaschine)**

DESIGN-BEISPIELE

Indem du die verschiedenen Oberteile, Ärmel und Röcke kombinierst, kannst du jedes Kleid ganz individuell gestalten. Deiner künstlerischen Freiheit sind dabei keine Grenzen gesetzt. Hinzu kommt noch die große Vielfalt an verschiedenen Stoffen, Farben und Mustern. Und wenn dir dein Kleid dann immer noch nicht individuell genug ist, kannst du es mit verschiedenen Saumabschlüssen, Applikationen und Accessoires noch persönlicher gestalten. Die Modelle im folgenden Kapitel zeigen dir die Vielfalt der Designs.

Vanessa

SOMMERKLEID MIT KNOPFLEISTE, SEITENSCHLITZEN UND KÄPPCHENÄRMELN

SCHWIERIG-KEITSGRAD 2

GRÖSSE

98-146

Die Angaben für die unterschiedlichen Größen sind durch Schrägstriche getrennt.

BAUKASTEN

- **[O4] Oberteil mit Knopfleiste**
- **[A3] Käppchenärmel**
- **[R3] Rock mit Seitenschlitzen**

MATERIAL

- **Baumwolljersey in Rosa, 160 cm breit, 60 cm (Gr. 98-122)/75 cm (Gr. 128-146)**
- **Bügeleinlage (Vlieseline H 250), 20 cm x 30 cm**
- **elastisches Paspelband in Violett, 70 cm**
- **5 Kam Snaps, ø 10 mm**

SCHNITTMUSTER-BOGEN 1A, 1B + 2A

ZUSCHNITT

BAUMWOLLJERSEY IN ROSA

- **2x [O4] Vorderteil (gegengleich)**
- **1x [O4] Rückteil (im Stoffbruch)**
- **2x [O4] Knopfleiste**
- **2x [A3] Ärmel (gegengleich)**
- **1x [R3] Vorderrock (im Stoffbruch)**
- **1x [R3] Hinterrock (im Stoffbruch)**

BÜGELEINLAGE

- **2x [O4] Knopfleiste**

NAHTZUGABEN

- **Seitenkante und Saum: 1 cm**
- **Ärmelsaum: 7 mm**
- **Übrige Nähte und Kanten: 7 mm (Overlock)/1 cm (Nähmaschine)**

1 Die Knopfleisten mit der Bügeleinlage verstärken und jeweils an einer der langen Seiten versäubern. Die Knopfleisten längs mittig links auf links falten und bügeln und jeweils mit der unversäuberten Kante rechts auf rechts an die Vorderkante nähen. Die Nahtzugaben Richtung Knopfleiste bügeln.

2 Die Schulterkanten von Vorder- und Rückteil rechts auf rechts legen und mit der Overlock zusammennähen. Dann die Knopfleisten zur Hälfte zurückschlagen, sodass sie rechts auf rechts liegen, und am Halsausschnitt jeweils die Ecke abnähen. Die Ecken wenden, die Knopfleisten links auf links legen und an der Ansatzkante durchsteppen. Die beiden Vorderteile an der Unterkante so aufeinanderlegen, dass die beiden Knopfleisten genau übereinanderliegen. Die Unterkante an dieser Stelle zusammenheften. Den Halsausschnitt versäubern, 7 mm umbügeln und bei 5 mm absteppen.

3 Vorderteile und Rückteil rechts auf rechts legen. Jeweils die rechte und linke Seitennaht mit der Overlock schließen.

4 Den Ärmelsaum versäubern und 7 mm umbügeln. Die Bündchen um die Nahtzugabe schlagen und von der rechten Seite durchsteppen. Den Ärmel rechts auf rechts am Armloch auf das Vorder- und Rückteil legen. Die mittlere Markierung am Ärmel trifft auf die Schulternaht. Der Ärmelsaum trifft jeweils auf die Vorder- und Rückteilmarkierung am Armausschnitt. Die Ärmel mit der Overlock einnähen, dabei auf dem Ärmel nähen und gleichzeitig den unteren Armausschnitt versäubern. Die Nahtzugabe am unteren Armausschnitt 7 mm umschlagen und bei 5 mm absteppen, dabei den Ärmelsaum mit absteppen.

5 Die Seitenkanten des Vorder- und Hinterrocks und den Saum beider Rockteile versäubern. Vorder- und Hinterrock rechts auf rechts legen und an den Seitenkanten bis zur Schlitzmarkierung zusammennähen. Die restliche Nahtzugabe am Schlitz 1 cm umbügeln. Den Saum ebenfalls 1 cm umbügeln. An den vier Schlitzecken eine Briefecke (▶ S. 103) abnähen. Den Saum und den Schlitz bei 7 mm absteppen.

6 Das elastische Paspelband leicht gedehnt bündig an die Taillenkante des Oberteils annähen. Das Oberteil rechts auf rechts auf den Rock legen und an der Taillennaht mit der Overlock annähen.

Joana

KAPUZENKLEID MIT LANGEN BÜNDCHENÄRMELN UND ROCK MIT TASCHEN

SCHWIERIG-KEITSGRAD 3

GRÖSSE

98-146

Die Angaben für die unterschiedlichen Größen sind durch Schrägstriche getrennt.

BAUKASTEN

- **[O5] Kapuzenoberteil**
- **[A5] Bündchenärmel**
- **[R5] Rock mit Taschen**

MATERIAL

- **French Terry in Dunkeltürkis, 160 cm breit, 90 cm (Gr. 98-122)/ 1 m (Gr. 128-146)**
- **French Terry in Gelb gemustert, 120 cm x 50 cm**
- **Bündchenstoff in Gelb, 100 cm x 25 cm**

SCHNITTMUSTER-BOGEN 1A, 1B + 2A

ZUSCHNITT

FRENCH TERRY IN DUNKELTÜRKIS

- **1x [O5] Vorderteil (im Stoffbruch)**
- **1x [O5] Rückteil (im Stoffbruch)**
- **2x [O5] Außenkapuze (gegengleich)**
- **1x [O5] Außenkapuzenmittelteil (im Stoffbruch)**
- **2x [A5] Ärmel (gegengleich)**
- **1x [R5] Vorderrock (im Stoffbruch)**
- **1x [R5] Hinterrock (im Stoffbruch)**

FRENCH TERRY IN GELB GEMUSTERT

- **2x [O5] Innenkapuze (gegengleich)**
- **1x [O5] Innenkapuzenmittelteil (im Stoffbruch)**
- **2x [R5] Taschenbeutel (gegengleich)**

BÜNDCHENSTOFF

- **2x Ärmelbündchen 9,5 cm breit, 14,5/15/15/15,5/16/16/16,5/17/17 cm**
- **2x Taschenbündchen 4,5 cm breit, 15/17/18/19/20/21/22/23/24 cm**
- **2x Rockbündchen, 11,5 cm breit, 31/32/33/34/35/37/38/40/41 cm**

NAHTZUGABEN

- **Bündchen: 0 cm (7 mm Nahtzugabe enthalten)**
- **Übrige Nähte und Kanten: 7 mm (Overlock)/1 cm (Nähmaschine)**

1 Die Schulterkanten von Vorder- und Rückteil rechts auf rechts legen und mit der Overlock zusammennähen.

2 Das Außenkapuzenmittelteil rechts auf rechts an der langen Kante eines Außenkapuzenteils mit der Overlock annähen. Das Mittelteil genauso an die andere Außenkapuze nähen. Den Schritt mit den Schnittteilen für die Innenkapuze wiederholen. Die Außenkapuze rechts auf rechts in die Innenkapuze stecken und die Teile an der Kapuzenvorderkante mit der Overlock zusammennähen. Die Kapuze auf rechts wenden, die Vorderkante bügeln und bei 2,5 cm absteppen. Die rechte und linke Seite der Kapuze an der vorderen Mitte laut Markierung aufeinanderlegen und zusammenheften.

3 Die Kapuze rechts auf rechts an das Halsloch stecken, dabei darauf achten, dass die Markierungen für die vordere und hintere Mitte aufeinandertreffen. Die Kapuze mit der Overlock annähen.

4 Die Ärmel rechts auf rechts am Armausschnitt auf das Vorder- und Rückteil legen. Die mittlere Markierung am Ärmel trifft auf die Schulternaht. Die Ärmel mit der Overlock einnähen, dabei auf der Seite des Ärmels nähen.

5 Das Vorder- und Rückteil rechts auf rechts legen. Jeweils die rechte und linke Seiten- und Ärmelnaht mit der Overlock schließen.

6 Die Ärmelbündchen an den kurzen Kanten rechts auf rechts legen und zum Ring zusammennähen. Die Ärmelbündchen links auf links zur Hälfte falten und aufeinanderstecken. Die Ärmelbündchen rechts auf rechts in die Ärmelsäume stecken. Die Weite gleichmäßig verteilen und das Ärmelbündchen mit der Overlock annähen.

7 Die Taschenbündchen längs links auf links zur Hälfte legen und bügeln. An den offenen Kanten zusammennähen, dabei stark ziehen, sodass sich diese Kante ausdehnt, dies erleichtert später das Annähen der Bündchen an die Taschen. Die Taschenbündchen jeweils rechts auf rechts an die Tascheneingriffe im Vorderrock legen und mit der Overlock annähen. Die Nahtzugaben Richtung Rock bügeln und die Bündchen gegebenenfalls noch etwas einbügeln.

8 Die Außenkante der Taschenbeutel versäubern. Die Taschenbeutel markierungsgemäß unter den Vorderrock legen und mit Stecknadeln fixieren. Nach Wunsch die Form der Taschenbeutel mit Kreide anzeichnen, um das Annähen zu erleichtern. Die Kontur der Taschenbeutel absteppen. Die Taschenbeutel an der Oberkante und an den Seitenkanten in der Nahtzugabe des Vorderrocks festheften.

9 Die Rockteile rechts auf rechts legen und an den Seitenkanten mit der Overlock zusammennähen. Das Rockbündchen rechts auf rechts legen und an den kurzen Kanten zu einem Ring schließen. Das Bündchen längs zur Hälfte legen, bügeln und rechts auf rechts an den Rocksaum stecken. Die Weite gleichmäßig verteilen und das Bündchen mit der Overlock annähen.

10 Das Oberteil rechts auf rechts auf den Rock legen und an der Taillennaht mit der Overlock annähen.

Smilla

KLEID MIT SCHALKRAGEN, MIDIROCK UND KURZEN ÄRMELN

SCHWIERIG-KEITSGRAD 1

GRÖSSE

98-146

Die Angaben für die unterschiedlichen Größen sind durch Schrägstriche getrennt.

BAUKASTEN

- **[O7] Oberteil mit Schalkragen**
- **[A1] Kurze Ärmel**
- **[R1] Midirock**

MATERIAL

- **Baumwolljersey in Dunkeltürkis gemustert, 160 cm breit, 60 cm (Gr. 98-122)/75 cm (Gr. 128-146)**
- **Baumwolljersey in Koralle, 120 cm x 30 cm**

SCHNITTMUSTER-BOGEN 1A, 1B + 2A

ZUSCHNITT

BAUMWOLLJERSEY IN DUNKELTÜRKIS GEMUSTERT

- **1x [O7] Vorderteil (im Stoffbruch)**
- **1x [O7] Rückteil (im Stoffbruch)**
- **2x [A1] Ärmel (gegengleich)**
- **2x [R1] Rock (im Stoffbruch)**

BAUMWOLLJERSEY IN KORALLE

- **2x [O7] Schalkragen (im Stoffbruch)**

NAHTZUGABEN

- **Ärmelsaum und Saum: 1,5 cm**
- **Übrige Nähte und Kanten: 7 mm (Overlock)/1 cm (Nähmaschine)**

1 Die Schulterkanten von Vorder- und Rückteil rechts auf rechts legen und mit der Overlock zusammennähen.

2 Jeweils den äußeren und inneren Schalkragen rechts auf rechts legen und an den kurzen Kanten zusammennähen. Den äußeren Schalkragen rechts auf rechts in den inneren Schalkragen stecken und an der längeren Außenkante mit der Overlock zusammennähen. Wenden und die Kante bügeln.

3 Den Schalkragen mit den offenen Kanten rechts auf rechts an das Halsloch stecken, dabei darauf achten, dass die Markierungen für die vordere und hintere Mitte aufeinandertreffen. Den Schalkragen rundherum mit der Overlock annähen.

4 Die Ärmel rechts auf rechts am Armloch auf das Vorder- und Rückteil legen. Die mittlere Markierung am Ärmel trifft auf die Schulternaht. Die Ärmel mit der Overlock einnähen, dabei auf der Seite des Ärmels nähen. Die Ärmelsäume versäubern und 1,5 cm umbügeln.

5 Das Vorder- und Rückteil rechts auf rechts legen. Jeweils die rechte und linke Seiten- und Ärmelnaht mit der Overlock schließen.

6 Die Ärmelsäume bei 1,2 cm umnähen.

7 Die Rockteile rechts auf rechts legen und an den Seitenkanten mit der Overlock zusammennähen. Den Saum versäubern und 1,5 cm umbügeln. Den Rocksaum bei 1,2 cm absteppen.

8 Das Oberteil rechts auf rechts auf den Rock legen und an der Taillennaht mit der Overlock annähen.

Ella

MIDIKLEID MIT RUNDHALSAUSSCHNITT UND KURZEN ÄRMELN

SCHWIERIGKEITSGRAD 1

GRÖSSE

98-146

Die Angaben für die unterschiedlichen Größen sind durch Schrägstriche getrennt.

BAUKASTEN

- **[O1] Oberteil mit Rundhalsausschnitt**
- **[A1] Kurze Ärmel**
- **[R1] Midirock**

MATERIAL

- **Baumwolljersey mit Einhornmuster, 110 cm x 75 cm (Gr. 98-122)/ 130 cm x 90 cm (Gr. 128-146)**
- **Baumwolljersey in Flieder, 160 cm breit, 10 cm**

SCHNITTMUSTERBOGEN 1A, 1B + 2A

ZUSCHNITT

HINWEIS: Vor dem Zuschnitt die Schnittmuster von Vorder- und Rückteil je einmal sowie das Schnittmuster des Rocks zweimal abpausen. Vorder- und Rückteil jeweils an der Taillenlinie an ein Rockteil kleben, dann erst die Nahtzugaben an den Schnittmustern anzeichnen. Die Taillenlinie entfällt dadurch bei diesem Kleid.

BAUMWOLLJERSEY MIT EINHORNMUSTER

- **1x [O1] Vorderteil + [R1] Rock (im Stoffbruch)**
- **1x [O1] Rückteil + [R1] Rock (im Stoffbruch)**
- **2x [A1] Ärmel (gegengleich)**

BAUMWOLLJERSEY IN FLIEDER

- **1x Halsbündchen, 3 cm breit, 29/30/31/32/32/33/33/34/35 cm**
- **2x Ärmelbündchen, 3 cm breit, 16/17/18/19/20/21/21,5/22,5/23 cm**
- **1x Saumbündchen, 3 cm breit, 64/66/68/70/73/76/79/82/85 cm**

NAHTZUGABEN

- **Halsausschnitt, Ärmelsaum und Saum: 0 cm**
- **Bündchen: 0 cm (7 mm Nahtzugabe enthalten)**
- **Übrige Nähte und Kanten: 7 mm (Overlock)/1 cm (Nähmaschine)**

1 Die Schulterkanten von Vorder- und Rückteil rechts auf rechts legen und mit der Overlock zusammennähen.

2 Das Halsbündchen rechts auf rechts legen und die kurzen Kanten zusammennähen. Eine der beiden langen Kanten versäubern. Die vordere Mitte markieren, das Halsbündchen markierungsgemäß rechts auf rechts mit der unversäuberten Kante an das Halsloch stecken, gleichmäßig verteilen und annähen. Das Halsbündchen um die Nahtzugabe schlagen und von der rechten Seite durchsteppen.

3 Die Ärmel rechts auf rechts am Armloch auf das Vorder- und Rückteil legen. Die mittlere Markierung am Ärmel trifft auf die Schulternaht. Die Ärmel mit der Overlock einnähen, dabei auf der Seite des Ärmels nähen.

4 Das Vorder- und Rückteil rechts auf rechts aufeinanderlegen. Jeweils die rechte und linke Seiten- und Ärmelnaht mit der Overlock schließen.

5 Die Ärmelbündchen jeweils an den kurzen Kanten rechts auf rechts legen und zum Ring zusammennähen. Eine der beiden langen Kanten versäubern. Die Bündchen rechts auf rechts mit der unversäuberten Kante an den Ärmelsaum stecken, gleichmäßig verteilen und annähen. Das Ärmelbündchen um die Nahtzugabe schlagen und von der rechten Seite durchsteppen.

6 Das Saumbündchen an den kurzen Kanten rechts auf rechts legen und zum Ring zusammennähen. Eine der beiden langen Kanten versäubern. Das Saumbündchen rechts auf rechts mit der unversäuberten Kante an den Saum stecken, gleichmäßig verteilen und annähen. Das Saumbündchen um die Nahtzugabe schlagen und von der rechten Seite durchsteppen.

Alina

KLEID MIT BÜNDCHENOBERTEIL, BALLONROCK UND PUFFÄRMELN

SCHWIERIG-KEITSGRAD 2

GRÖSSE

98-146

Die Angaben für die unterschiedlichen Größen sind durch Schrägstriche getrennt.

BAUKASTEN

- **[O2] Oberteil mit Bündchenausschnitt**
- **[A2] Puffärmel**
- **[R2] Ballonrock**

MATERIAL

- **Baumwolljersey in Weiß mit Rehkitzmuster, 80 cm x 50 cm**
- **Baumwolljersey in Weiß mit Mohnblumenmuster, 160 cm breit, 60 cm (Gr. 98-122)/70 cm (Gr. 128-146)**
- **Baumwolljersey in Naturweiß, 80 cm x 50 cm (Gr. 98-122)/ 100 cm x 70 cm (Gr. 128-146)**
- **Bündchenstoff in Rot, 50 cm x 25 cm**

SCHNITTMUSTER-BOGEN 1A, 1B + 2A

ZUSCHNITT

BAUMWOLLJERSEY IN WEISS MIT REHKITZMUSTER

- **1x [O2] Vorderteil (im Stoffbruch)**
- **1x [O2] Rückteil (im Stoffbruch)**

BAUMWOLLJERSEY IN WEISS MIT MOHNBLUMENMUSTER

- **2x [A2] Ärmel (gegengleich)**
- **2x [R2] Rock (im Stoffbruch)**

BAUMWOLLJERSEY IN NATURWEISS

- **2x [R2] Unterrock (im Stoffbruch)**

BÜNDCHENSTOFF IN ROT

- **1x Halsbündchen, 7,5 cm breit, 36/36/37/37/38/39/39/40/41 cm**
- **2x Ärmelbündchen, 7,5 cm breit, 17/18/18,5/19/20/21/21,5/22,5/23,5 cm**

NAHTZUGABEN

- **Bündchen: 0 cm (7 mm Nahtzugabe enthalten)**
- **Übrige Nähte und Kanten: 7 mm (Overlock)/1 cm (Nähmaschine)**

1 Die Schulterkanten von Vorder- und Rückteil rechts auf rechts legen und mit der Overlock zusammennähen.

2 Das Halsbündchen links auf links zur Hälfte falten und bügeln. Anschließend an den kurzen Kanten rechts auf rechts legen und zu einem Ring zusammennähen. Das Halsbündchen an der gebügelten Kante in den Bruch legen und die offenen Kanten zusammenheften, dabei stark dehnen, damit das Bündchen später besser an das Halsloch angenäht werden kann. Die vordere Mitte markieren, das Bündchen markierungsgemäß rechts auf rechts an das Halsloch stecken, gleichmäßig verteilen und annähen.

3 An den Ärmeln die Kante entlang der Armkugel zwischen den beiden Markierungen raffen (▶ S. 103), sodass sie die Länge des Armlochs erreicht. Anfang und Ende der Rafffäden verknoten. Die Ärmelsäume ebenfalls zwischen den Markierungen auf die Länge des Ärmelbündchens raffen. Die Fadenenden verknoten.

4 Die Ärmel nun rechts auf rechts am Armloch auf das Vorder- und Rückteil legen. Die mittlere Markierung am Ärmel trifft auf die Schulternaht. Den Ärmel mit der Overlock einnähen, dabei auf der Seite des Ärmels nähen. Beim Nähen darauf achten, dass die Kräusel gleichmäßig verteilt werden.

5 Die Ärmelbündchen jeweils rechts auf rechts legen und an den kurzen Kanten zum Ring zusammennähen. Die Ärmelbündchen links auf links zur Hälfte falten und in der Nahtzugabe zusammenstecken.

6 Das Vorder- und Rückteil rechts auf rechts aufeinanderlegen. Jeweils die rechte und linke Seiten- und Ärmelnaht mit der Overlock schließen.

7 Die Ärmelbündchen rechts auf rechts an die Ärmelsäume legen und mit der Overlock annähen. Dabei darauf achten, dass die Kräusel gleichmäßig verteilt sind.

8 Die Falten an beiden Rockteilen markierungsgemäß legen und festheften. Die Rockteile rechts auf rechts legen und an den Seitenkanten mit der Overlock zusammennähen. Die Unterrockteile rechts auf rechts legen und an den Seitenkanten mit der Overlock zusammennähen. Den Rock rechts auf rechts auf den Unterrock legen und an der Saumkante mit der Overlock zusammennähen. Den Unterrock nach innen wenden und die Stofflagen an der Taillenkante in der Nahtzugabe heften.

9 Das Oberteil rechts auf rechts auf den Rock legen und an der Taillennaht mit der Overlock annähen.

Ida

KLEID MIT SEITENSCHLITZEN, V-AUSSCHNITT UND KÄPPCHENÄRMELN

SCHWIERIG-KEITSGRAD 2

GRÖSSE

98-146

Die Angaben für die unterschiedlichen Größen sind durch Schrägstriche getrennt.

BAUKASTEN

- **[O3] Oberteil mit V-Ausschnitt**
- **[A3] Käppchenärmel**
- **[R3] Rock mit Seitenschlitzen**

MATERIAL

- **Baumwolljersey in Dunkelgrün gemustert, 80 cm x 50 cm**
- **Baumwolljersey in Grün, 100 cm x 40 cm (Gr. 98-122)/ 110 cm x 60 cm (Gr. 128-146)**

SCHNITTMUSTER-BOGEN 1A, 1B + 2A

ZUSCHNITT

BAUMWOLLJERSEY IN DUNKELGRÜN GEMUSTERT

- **1x [O3] Vorderteil (im Stoffbruch)**
- **1x [O3] Rückteil (im Stoffbruch)**
- **2x [A3] Ärmel (gegengleich)**
- **1x Halsbündchen, 3 cm breit, 48/49/49/50/50/51/51/52/53 cm**
- **2x Ärmelbündchen, 3 cm breit, 15/15,5/16/16,5/17/17,5/18/18,5/19 cm**

BAUMWOLLJERSEY IN GRÜN

- **1x [O3] Einsatz (im Stoffbruch)**
- **2x [R3] Rock (im Stoffbruch)**

NAHTZUGABEN

- **Halsausschnitt: 0 cm**
- **Halsbündchen, Ärmelbündchen und Ärmelsaum: 0 cm (7 mm Nahtzugabe enthalten)**
- **Seitenkanten am Rock und Saum: 1 cm**
- **Übrige Nähte und Kanten: 7 mm (Overlock)/1 cm (Nähmaschine)**

1 Die Schulterkanten von Vorder- und Rückteil rechts auf rechts legen und mit der Overlock zusammennähen.

2 Im Vorderteil entlang des V-Ausschnitts im Abstand von 5 mm zur Kante eine Hilfsnaht setzen. Die Spitze des V-Ausschnitts vorsichtig bis kurz vor die Naht einschneiden, damit der Ausschnitt beim Annähen des Bündchens auf eine fast gerade Linie gebracht werden kann. Das Halsbündchen rechts auf rechts legen und an den kurzen Kanten zum Ring zusammennähen. Eine der beiden langen Kanten versäubern. Die vordere und hintere Mitte markieren, das Halsbündchen markierungsgemäß rechts auf rechts mit der unversäuberten Kante an das Halsloch stecken, gleichmäßig verteilen und annähen, dabei den Stoff an der Spitze des V-Ausschnitts auf eine gerade Linie bringen. Das Halsbündchen um die Nahtzugabe schlagen und von der rechten Seite durchsteppen. Nun wird der Stoffüberschuss am V-Ausschnitt abgenäht. Dazu das Oberteil auf links wenden und in der vorderen Mitte in den Bruch legen. Mit Schneiderkreide eine Linie auf dem Bündchen einzeichnen, die von der Spitze nach oben zum Halsloch reicht. Das Bündchen entlang der Markierung abnähen. Das Oberteil auf rechts wenden.

3 Den V-Einsatz rundherum versäubern. Die obere Kante 7 mm umbügeln und bei 5 mm absteppen. Den V-Einsatz unter den Ausschnitt positionieren und in der Bündchennaht des Halslochs annähen.

4 Das Vorder- und Rückteil rechts auf rechts legen. Die Seitennähte mit der Overlock schließen.

5 Die Ärmelbündchen an einer langen Kante versäubern und rechts auf rechts mit der unversäuberten Kante an die Ärmelsäume nähen. Die Bündchen um die Nahtzugabe schlagen und von der rechten Seite durchsteppen. Die Ärmel rechts auf rechts am Armloch auf das Vorder- und Rückteil legen. Die mittlere Markierung am Ärmel trifft auf die Schulternaht. Der Ärmelsaum trifft jeweils auf die Vorder- und Rückteilmarkierung am Armausschnitt. Die Ärmel mit der Overlock einnähen, dabei auf dem Ärmel nähen und gleichzeitig den unteren Armausschnitt versäubern. Die Nahtzugabe am unteren Armausschnitt umschlagen und bei 5 mm absteppen.

6 Die Seitenkanten des Vorder- und Hinterrocks und den Saum beider Rockteile versäubern. Vorder- und Hinterrock rechts auf rechts legen und an den Seitenkanten bis zur Schlitzmarkierung zusammennähen. Die restliche Nahtzugabe am Schlitz 1 cm umbügeln. Den Saum ebenfalls 1 cm umbügeln. An den vier Schlitzecken eine Briefecke (▶ S. 103) abnähen. Den Saum und den Schlitz bei 7 mm absteppen.

7 Das Oberteil rechts auf rechts auf den Rock legen und an der Taillennaht mit der Overlock annähen.

Johanna

KLEID MIT KNOPFLEISTE, RÜSCHENROCK UND RÜSCHENÄRMELN

SCHWIERIG-KEITSGRAD 3

GRÖSSE

98-146

Die Angaben für die unterschiedlichen Größen sind durch Schrägstriche getrennt.

BAUKASTEN

- **[O4] Oberteil mit Knopfleiste**
- **[A4] Rüschenärmel**
- **[R4] Rüschenrock**

MATERIAL

- **French Terry mit Blumenmuster, 160 cm breit, 1,50 m (Gr. 98-122)/ 1,80 m (Gr. 128-146)**
- **Baumwolljersey in Schwarz, 70 cm x 30 cm**
- **Bügeleinlage (Vlieseline H250), 20 cm x 30 cm**

SCHNITTMUSTER-BOGEN 1A, 1B+2A

ZUSCHNITT

FRENCH TERRY MIT BLUMENMUSTER

- **2x [O4] Vorderteil (gegengleich)**
- **1x [O4] Rückteil (im Stoffbruch)**
- **2x [A4] Ärmel (gegengleich)**
- **2x [R4] Rock oben (im Stoffbruch)**
- **2x [R4] Rock Mitte (im Stoffbruch)**
- **2x [R4] Rock unten (im Stoffbruch)**

BAUMWOLLJERSEY IN SCHWARZ

- **2x [O4] Knopfleiste**
- **2x Rüsche, 7,5 cm breit, 34/36/37,5/39/40,5/42/43,5/45/47 cm**

BÜGELEINLAGE

- **2x [O4] Knopfleiste**

NAHTZUGABEN

- **Saum: 1,5 cm**
- **Rüsche: 0 cm (7 mm Nahtzugabe enthalten)**
- **Übrige Nähte und Kanten: 7 mm (Overlock)/1 cm (Nähmaschine)**

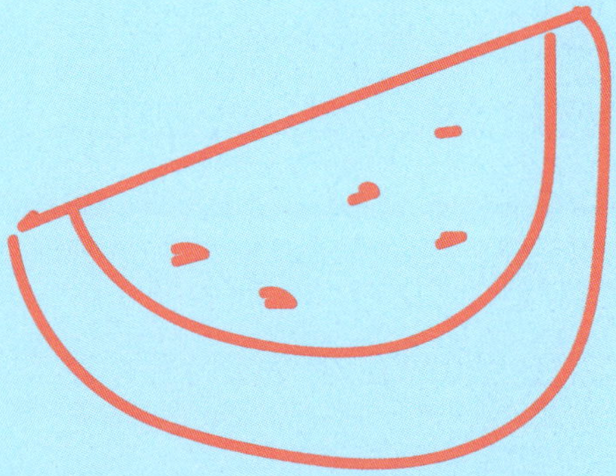

1 Die Knopfleisten mit der Bügeleinlage verstärken und jeweils an einer der langen Seiten versäubern. Die Knopfleisten längs mittig links auf links falten und bügeln und jeweils mit der unversäuberten Kante rechts auf rechts an die Vorderkante der Vorderteile nähen. Die Nahtzugaben Richtung Knopfleiste bügeln.

2 Die Schulterkanten von Vorderteilen und Rückteil rechts auf rechts legen und mit der Overlock zusammennähen. Die Knopfleisten zur Hälfte zurückschlagen, sodass sie rechts auf rechts liegen, und am Halsausschnitt jeweils die Ecke abnähen. Die Ecken wenden, die Knopfleisten links auf links legen und an der Ansatzkante durchsteppen. Die beiden Vorderteile an der Unterkante so aufeinanderlegen, dass die beiden Knopfleisten genau übereinanderliegen. Die Unterkante an dieser Stelle zusammenheften. Den Halsausschnitt versäubern, 7 mm umbügeln und bei 5 mm absteppen.

3 Die Ärmel rechts auf rechts am Armloch auf das Vorder- und Rückteil legen. Die mittlere Markierung am Ärmel trifft auf die Schulternaht. Die Ärmel mit der Overlock einnähen, dabei auf der Seite des Ärmels nähen.

4 Die Rüschen jeweils an den kurzen Kanten rechts auf rechts legen und zum Ring zusammennähen. Die Rüschen links auf links in der Hälfte falten und die offenen Kanten zusammengenommen auf das Maß des Ärmelsaums raffen (▶ S. 103).

5 Das Vorder- und Rückteil rechts auf rechts legen. Jeweils die rechte und linke Seiten- und Ärmelnaht mit der Overlock schließen.

6 Die Rüschen rechts auf rechts an die Ärmelsäume legen und mit der Overlock annähen, dabei darauf achten, dass die Kräusel gleichmäßig verteilt werden.

7 Jeweils die oberen, mittleren und unteren Rockteile rechts auf rechts legen und an den Seitenkanten mit der Overlock zusammennähen.

8 Die Unterkante des unteren Rockteils versäubern, 1,5 cm umbügeln und bei 1,2 cm absteppen. Die Oberkante des unteren Rockteils auf die Länge der Unterkante des mittleren Rockteils raffen (▶ S. 103). Beide Teile rechts auf rechts legen und mit der Overlock zusammennähen. Dabei darauf achten, dass die Heftnaht vom Einkräuseln mit abgenäht wird. Die Oberkante des mittleren Rockteils genauso einkräuseln und an die Unterkante des oberen Rockteils nähen.

9 Die Oberkante des oberen Rockteils auf die Länge der Taillennaht raffen. Rechts auf rechts an das Oberteil legen und an der Taillennaht mit der Overlock annähen.

Pia

KLEID MIT BUBIKRAGEN, MAXIROCK UND FLÜGELÄRMELN

SCHWIERIG-KEITSGRAD 2

GRÖSSE

98-146

Die Angaben für die unterschiedlichen Größen sind durch Schrägstriche getrennt.

BAUKASTEN

- **[O6] Oberteil mit Bubikragen**
- **[A6] Flügelärmel**
- **[R6] Maxirock**

MATERIAL

- **Baumwolljersey in Pink, 160 cm breit, 1 m (Gr. 98-122)/1,20 m (Gr. 128-146)**
- **Bügeleinlage (Vlieseline H250), 50 cm x 25 cm**
- **Gummikordel, ø 2 mm, 5 cm**
- **Knopf, ø 5-10 mm**

SCHNITTMUSTER-BOGEN 1A, 1B + 2B

ZUSCHNITT

BAUMWOLLJERSEY IN PINK

- **1x [O6] Vorderteil (im Stoffbruch)**
- **2x [O6] Rückteil (gegengleich)**
- **4x [O6] Bubikragen (je 2x gegengleich)**
- **2x [A6] Ärmel (gegengleich)**
- **2x [R6] Rock (im Stoffbruch)**

BÜGELEINLAGE

- **2x [O6] Bubikragen (gegengleich)**

NAHTZUGABEN

- **Ärmelsaum: 1 cm**
- **Saum: 1,5 cm**
- **Übrige Nähte und Kanten: 7 mm (Overlock)/1 cm (Nähmaschine)**

1 Die Kanten der hinteren Mitte an beiden Rückteilen versäubern. Die Rückteile rechts auf rechts legen und die Naht an der hinteren Mitte bis zur Markierung schließen. Nahtanfang und -ende gut verriegeln.

2 Die Schulterkanten von Vorder- und Rückteil rechts auf rechts legen und mit der Overlock zusammennähen.

3 Zwei gegengleiche Bubikragenteile mit der Bügeleinlage verstärken. Je ein verstärktes und ein unverstärktes Bubikragenteil rechts auf rechts legen und an der Außenkante und der hinteren Mitte zusammennähen. Die Teile wenden und die Kanten bügeln. Die Kragenteile an den Halsausschnitt stecken, dabei darauf achten, dass jeweils die Markierungen für die Schulternaht aufeinandertreffen. An der hinteren Mitte endet der Bubikragen 1 cm vor den Schlitzkanten. Den Kragen mit der Overlock annähen. Die Schlitzkanten in der hinteren Mitte rechts auf rechts 1 cm auf den Kragen klappen und den Umschlag an der Halslochkante annähen. Anschließend rundherum die Nahtzugabe am Hals absteppen. Aus der Gummikordel eine kleine Schlinge legen, sodass der Knopf gerade so durchpasst. Die Schlinge an die rechte Oberkante des Rückteils, den Knopf an die linke Oberkante des Rückteils nähen.

4 Die Ärmel rechts auf rechts am Armausschnitt auf das Vorder- und Rückteil legen. Die mittlere Markierung am Ärmel trifft auf die Schulternaht. Die Ärmel mit der Overlock einnähen, dabei auf der Seite des Ärmels nähen. Die Ärmelsäume versäubern und 1 cm umbügeln.

5 Das Vorder- und Rückteil rechts auf rechts legen. Jeweils die rechte und linke Seiten- und Ärmelnaht mit der Overlock schließen.

6 Die Ärmelsäume bei 8 mm absteppen.

7 Die Rockteile rechts auf rechts legen und an den Seitenkanten mit der Overlock zusammennähen. Den Saum versäubern und 1,5 cm umbügeln. Den Rocksaum bei 1,2 cm absteppen.

8 Die Oberkante des Rocks auf die Länge der Taillennaht des Oberteils raffen (▶ S. 103).

9 Das Oberteil rechts auf rechts auf den Rock legen und an der Taillennaht mit der Overlock annähen.

Emilia

KLEID MIT U-BOOT-AUSSCHNITT, TELLERROCK UND WEITEN ÄRMELN MIT KRÄUSELN

SCHWIERIG-KEITSGRAD 3

GRÖSSE

98-146

Die Angaben für die unterschiedlichen Größen sind durch Schrägstriche getrennt.

BAUKASTEN

- **[O8] Oberteil mit U-Boot-Ausschnitt**
- **[A8] Weite Ärmel mit Kräuseln**
- **[R8] Tellerrock**

MATERIAL

- **Baumwolljersey in Rosa, 160 cm breit, 1,10 m (Gr. 98-122)/1,30 m (Gr. 128-146)**
- **elastische Spitze in Weiß, 3 cm breit, 1 m; 6 cm breit, 2,50 m (Gr. 98-122)/ 3 m (Gr. 128-146)**

SCHNITTMUSTER-BOGEN 1A, 1B + 2B

ZUSCHNITT

- **1x [O8] Vorderteil (im Stoffbruch)**
- **1x [O8] Rückteil (im Stoffbruch)**
- **2x [A8] Ärmel (gegengleich)**
- **2x [R8] Rock (im Stoffbruch)**
- **1x Halsbündchen vorn, 2 cm breit, 22/22/22/22/23/23/23/24/24 cm**
- **1x Halsbündchen hinten, 2 cm breit, 21/21/21/21/22/22/22/23/23 cm**

NAHTZUGABEN

- **Halsausschnitt: 0 cm**
- **Ärmelsaum und Saum: 1 cm**
- **Halsbündchen: 0 cm (7 mm Nahtzugabe enthalten)**
- **Übrige Nähte und Kanten: 7 mm (Overlock)/1 cm (Nähmaschine)**

1 Die Halsbündchen an einer der beiden langen Kanten versäubern. Die vordere Mitte am vorderen Bündchen markieren und das Bündchen rechts auf rechts mit der unversäuberten Kante markierungsgemäß an das vordere Halsloch stecken und gleichmäßig verteilt annähen. Am hinteren Halsbündchen die hintere Mitte markieren, das Bündchen markierungsgemäß rechts auf rechts mit der unversäuberten Kante an das Halsloch stecken und gleichmäßig verteilt annähen. Die Halsbündchen nach innen schlagen und die Kanten bügeln. Den Halsausschnitt am Vorder- und Rückteil bei 5 mm auf der versäuberten Kante absteppen.

2 Die Schulterkanten von Vorder- und Rückteil rechts auf rechts legen und mit der Overlock zusammennähen. Die Nahtzugaben an der Schulter nach hinten legen und von Hand annähen, dabei darauf achten, dass die Nahtzugabe an der Ecke von außen nicht mehr sichtbar ist.

3 An den Ärmeln die Kante entlang der Armkugel zwischen den beiden Markierungen raffen (▶ S. 103), sodass sie die Länge des Armlochs erreicht. Anfang und Ende des Reihfadens verknoten.

4 Die Ärmel rechts auf rechts am Armloch auf das Vorder- und Rückteil legen. Die mittlere Markierung an den Ärmeln trifft auf die Schulternaht. Die Ärmel mit der Overlock einnähen, dabei auf der Seite des Ärmels nähen. Beim Nähen darauf achten, dass die Kräusel gleichmäßig verteilt werden.

5 Das Vorder- und Rückteil rechts auf rechts aufeinanderlegen. Jeweils die rechte und linke Seiten- und Ärmelnaht mit der Overlock schließen.

6 Den Ärmelsaum versäubern, 1 cm umbügeln und bei 7 mm absteppen. Den fertigen Ärmelsaum ausmessen und dem Maß 4 cm zugeben. Die 3 cm breite elastische Spitze zweimal in dieser Länge zuschneiden und mit einem Zickzackstich auf den Ärmelsaum nähen, dabei Anfang und Ende ca. 2 cm überlappen lassen.

7 Die Rockteile rechts auf rechts legen und an den Seitenkanten mit der Overlock zusammennähen. Den Saum versäubern und 1 cm umbügeln. Den Rocksaum bei 7 mm absteppen. Den Rocksaum ausmessen und dem Maß 4 cm zugeben. Die 6 cm breite elastische Spitze zweimal in dieser Länge zuschneiden und mit einem Zickzackstich auf den Rocksaum nähen, dabei Anfang und Ende ca. 2 cm überlappen lassen.

8 Das Oberteil rechts auf rechts auf den Rock legen und an der Taillennaht mit der Overlock annähen.

Lona

BAHNENKLEID MIT LANGEN ÄRMELN

SCHWIERIG-KEITSGRAD 2

GRÖSSE

98-146

Die Angaben für die unterschiedlichen Größen sind durch Schrägstriche getrennt.

BAUKASTEN

- **[O10] Bahnenoberteil**
- **[A10] Lange Ärmel**
- **[R10] Bahnenrock**

MATERIAL

- **Baumwolljersey in Hellbau-Türkis gestreift, 160 cm breit, 50 cm (Gr. 98-122)/60 cm (Gr. 128-146)**
- **Baumwolljersey in Blau, 110 cm x 40 cm (Gr. 98-122)/ 110 cm x 60 cm (Gr. 128-146)**

SCHNITTMUSTER-BOGEN 1A, 1B+2B

ZUSCHNITT

BAUMWOLLJERSEY IN HELLBLAU-TÜRKIS GESTREIFT

- **1x [O10] Vorderteil Mitte (im Stoffbruch)**
- **1x [O10] Rückteil Mitte (im Stoffbruch)**
- **2x [A10] Ärmel (gegengleich)**
- **2x [R10] Rock Mitte (im Stoffbruch)**

BAUMWOLLJERSEY IN BLAU

- **2x [O10] Vorderteil Seite (gegengleich)**
- **2x [O10] Rückteil Seite (gegengleich)**
- **4x [R10] Rock Seite (je 2x gegengleich)**
- **1x Halsbündchen, 1,5 cm breit, 38,5/39/39,5/40/40,5/41/42/42,5/43,5 cm**

NAHTZUGABEN

- **Ärmelsaum und Saum: 1,5 cm**
- **Halsbündchen: 0 cm (7 mm Nahtzugabe enthalten)**
- **Übrige Nähte und Kanten: 7 mm (Overlock)/1 cm (Nähmaschine)**

1 Die seitlichen Vorderteile jeweils rechts auf rechts auf das mittlere Vorderteil legen und die Teilungsnähte mit der Overlock schließen. Den Schritt mit den Rückteilen wiederholen. Die Schulterkanten von Vorder- und Rückteil rechts auf rechts legen und mit der Overlock zusammennähen, dabei darauf achten, dass die Teilungsnähte von Vorder- und Rückteil genau aufeinandertreffen.

2 Das Halsbündchen rechts auf rechts legen und an den kurzen Kanten zum Ring zusammennähen. Eine der beiden langen Kanten versäubern. Die vordere Mitte markieren, das Bündchen markierungsgemäß rechts auf rechts mit der unversäuberten Kante an das Halsloch stecken, gleichmäßig verteilen und annähen. Das Halsbündchen nach innen umschlagen, bügeln und von der rechten Seite bei 5 mm durchsteppen.

3 Die Ärmel rechts auf rechts am Armausschnitt auf das Vorder- und Rückteil legen. Die mittlere Markierung am Ärmel muss auf die Schulternaht treffen. Nun den Ärmel mit der Overlock einnähen, dabei wird auf der Seite des Ärmels genäht. Den Ärmelsaum versäubern und 1,5 cm umbügeln.

4 Das Vorder- und Rückteil rechts auf rechts legen. Jeweils die rechte und linke Seiten- und Ärmelnaht mit der Overlock schließen.

5 Den Ärmelsaum bei 1,2 cm absteppen.

6 Die seitlichen Rockteile jeweils rechts auf rechts auf das mittlere Rockteil legen und an den Teilungsnähten mit der Overlock zusammennähen. Die Rockteile rechts auf rechts legen und an den Seitenkanten mit der Overlock zusammennähen. Den Saum versäubern und 1,5 cm umbügeln. Den Rocksaum bei 1,2 cm absteppen.

7 Das Oberteil rechts auf rechts auf den Rock legen und an der Taillennaht mit der Overlock annähen, dabei darauf achten, dass die Teilungsnähte aufeinandertreffen.

Erika

KURZARMKLEID MIT WICKELOBERTEIL, FALTENROCK UND KURZEN ÄRMELN

SCHWIERIG-KEITSGRAD 2

GRÖSSE

98-146

Die Angaben für die unterschiedlichen Größen sind durch Schrägstriche getrennt.

BAUKASTEN

- **[O9] Wickeloberteil**
- **[A1] Kurze Ärmel**
- **[R9] Faltenrock**

MATERIAL

- **Baumwolljersey in Pink mit Punkten, 160 cm breit, 75 cm (Gr. 98-122)/ 90 cm (Gr. 128-146)**
- **Fertiges Baumwolljersey-Schrägband in Weiß, 1 cm breit, 2 m (Gr. 98-122)/ 2,20 m (Gr. 128-146)**

SCHNITTMUSTER-BOGEN 1A, 1B + 2B

ZUSCHNITT

BAUMWOLLJERSEY IN PINK MIT PUNKTEN

- **2x [O9] Vorderteil (gegengleich)**
- **1x [O9] Rückteil (im Stoffbruch)**
- **2x [A1] Ärmel (gegengleich)**
- **2x [R9] Rock (im Stoffbruch)**

SCHRÄGBAND IN WEISS

- **1x Oberteileinfassung, 70/72/74/76/78/80/82/85/88 cm**
- **2x Ärmeleinfassung, 16/17/18/19/20/21/21,5/22,5/23 cm**

NAHTZUGABEN

- **Halsausschnitt und Ärmelsaum: 0 cm**
- **Saum: 1,5 cm**
- **Übrige Nähte und Kanten: 7 mm (Overlock)/1 cm (Nähmaschine)**

1 Die Schulterkanten von Vorderteilen und Rückteil rechts auf rechts legen und mit der Overlock zusammennähen.

2 Das fertig gefalzte Baumwolljerseyschrägband um die Halsausschnittkante der Vorderteile und des Rückteils legen und durch alle Stofflagen von der rechten Seite festnähen. Die beiden Vorderteile übereinanderlegen, an der vorderen Mitte zusammenstecken und heften.

3 Die Ärmel rechts auf rechts am Armloch auf das Vorder- und Rückteil legen. Die mittlere Markierung am Ärmel trifft auf die Schulternaht. Die Ärmel mit der Overlock einnähen, dabei auf der Seite des Ärmels nähen.

4 Vorderteile und Rückteil rechts auf rechts legen. An den Seitenkanten liegen aufgrund der Wickeloptik im Vorderteil drei Stofflagen übereinander. Jeweils die rechte und linke Seiten- und Ärmelnaht mit der Overlock schließen.

5 Das Baumwolljerseyschrägband für die Ärmeleinfassungen auffalten, rechts auf rechts aufeinanderlegen und an der kurzen Kante zusammennähen. Das zum Ring geschlossene Schrägband um die Ärmelsaumkante legen und durch alle Stofflagen von der rechten Seite annähen.

6 Die Falten an beiden Rockteilen markierungsgemäß legen und festheften. Die Rockteile rechts auf rechts legen und an den Seitenkanten mit der Overlock zusammennähen. Den Saum versäubern und 1,5 cm umbügeln. Den Rocksaum bei 1,2 cm absteppen.

7 Das Oberteil rechts auf rechts auf den Rock legen und an der Taillennaht mit der Overlock annähen. Die Heftfäden im Vorderteil entfernen.

NOCH MEHR DESIGNIDEEN

SAUMABSCHLÜSSE

FERTIGES JERSEYSCHRÄGBAND [1]
Fertige Jerseyschrägbänder sind bereits vorgebügelt und können sofort verwendet werden. Die Kante, an der das Band angenäht werden soll, ohne Nahtzugabe zuschneiden. Das Schrägband um die offene Kante legen und durch alle Stofflagen annähen, dabei das Band leicht dehnen, dann steht es später nicht ab.

FALZGUMMI [2]
Der elastische Falzgummi wird genau wie Jerseyschrägband angenäht. Den Gummi beim Annähen ebenfalls etwas dehnen, damit er später gut anliegt.

RÜSCHENBAND [3]
Fertiges Jerseyrüschenband kann als Saumabschluss verwendet werden. Dafür den Saum zunächst nach Anleitung fertigen. Das Rüschenband anschließend unter den Saum legen und annähen.
Das Rüschenband kann auch in die Teilungsnaht eingefügt werden. An der Taillenlinie das Band zunächst an das Unterteil nähen. Das Oberteil rechts auf rechts auf das Unterteil legen und die Teilungsnaht schließen, dabei auf dem Unterteil in der schon vorhandenen Naht nähen.

ROLLSAUM [4]
Mit einer Overlockmaschine können Saumabschlüsse auch mit einem Rollsaum versehen werden. Die Kante wird dazu ohne Nahtzugabe zugeschnitten. Die Einstellungen für den Rollsaum finden sich in der Betriebsanleitung.

APPLIKATIONEN

GESTICKTE APPLIKATIONEN [5]
Die Applikation an gewünschter Stelle nach Herstelleranleitung aufbügeln. Anschließend rundherum absteppen, damit sie viele Wäschen übersteht.

PLOTT-MOTIVE [6]
Die Bügelbilder nach Wunsch auf dem Kleidungsstück positionieren und entweder aufbügeln oder mit einer kleinen Presse darauf fixieren.

KUNSTLEDER-LABELS [7]
Kunstleder-Labels für den Saum lassen sich auf unterschiedliche Weise anbringen. Manche werden angenäht, andere mit Buchschrauben befestigt. Häufig lassen sie sich einfach rundherum aufsteppen.

ACCESSOIRES

SCHLEIFE [8]
Ein 12 cm breites und 14 cm hohes Rechteck sowie einen 5 cm breiten und 6 cm langen Streifen zum Binden zuschneiden. Beim großen Rechteck die langen Kanten bündig rechts auf rechts legen und zusammennähen, dabei mittig eine kleine Wendeöffnung lassen. Das Teil so legen, dass sich die Nahtzugabe in der Mitte befindet. Die kurzen Kanten abnähen. Die Schleife wenden, die Wendeöffnung von Hand schließen. Den schmalen Streifen längs rechts auf rechts legen und die langen Kanten zusammennähen. Wenden und bügeln. Den schmalen Streifen zum Ring zusammennähen. Die Schleife einfädeln, schön in Falten legen und an der gewünschten Stelle annähen. Nach Wunsch eine Anstecknadel annähen, um die Schleife flexibel an verschiedenen Kleidungsstücken anzubringen.

AUFGESETZTE TASCHE [9]
Für eine aufgesetzte Tasche ein Rechteck in gewünschter Taschengröße plus rundherum 1 cm Nahtzugabe zuschneiden. Die Kanten versäubern und 1 cm umbügeln. Die obere Kante bei 7 mm absteppen. Die Tasche auf dem Schnittteil platzieren und an den Seitenkanten sowie der Unterkante aufsteppen.

GÜRTEL [10]
Aus dekorativem Gummiband und einer Gürtelschnalle lässt sich ganz einfach ein Gürtel herstellen. Darauf achten, dass die Gürtelschnalle und das Gummiband die passende Breite haben; in eine 4 cm breite Gürtelschnalle passt ein 3,5-4 cm breiter Gummi. Die Gürtellänge an der Taille des Kindes am besten direkt mit dem Gummi ausmessen. Den Gummi anschließend plus 8 cm Nahtzugabe zuschneiden. Die Gummibandenden in die beiden Gürtelschnallenteile fädeln, umklappen und jeweils mit einem Geradstich bei 4 cm festnähen.

[6]

[2]

[9]

[10]

[4]

[3]

[7]

[5]

[1]

[8]

GRUND-
ANLEITUNG

Damit dir die Kleider gut gelingen, erfährst du in der Grundanleitung alles zum Thema Jersey und wie er verarbeitet wird. Außerdem findest du einen Überblick über die verschiedenen Jersey-Arten, die du zum Nähen der Modelle verwenden kannst, und die wichtigsten Nähtechniken vom Säumen über Bündchen annähen und Einfassen bis zum Falten legen, Raffen und Briefecken nähen.

JERSEY – WAS IST DAS?

Jersey, auch als T-Shirtstoff bekannt, ist ein Stoff, der nicht gewebt, sondern in Maschen gewirkt bzw. gestrickt wird – anders als die im Allgemeinen als Baumwollstoffe bekannten Webstoffe.
Jersey und andere Maschenwaren sind weich und dehnbar und bieten damit einen hohen Tragekomfort. Sie eignen sich bestens für bequeme Lieblingsstücke für Kinder. Dabei müssen sie weder nach Sport-Outfit noch nach Freizeitlook aussehen, sondern es lassen sich alltagstaugliche und schicke Kleidungsstücke daraus nähen.
In der Regel sind gestrickte Stoffe in der Breite dehnbar, Stretchjersey bis zu einem gewissen Maß auch in der Länge. Anders als bei Webstoffen spricht man bei Jersey nicht nur vom Fadenlauf, sondern auch vom Maschenlauf. Damit ist die Richtung gemeint, in der der Stoff gestrickt wurde. Der Maschenlauf verläuft parallel zur Seitenkante und ist beim korrekten Zuschnitt von großer Bedeutung, damit sich das fertige Kleidungsstück in der richtigen Richtung (senkrecht zum Maschenlauf) dehnen lässt.

VERSCHIEDENE STOFFARTEN

Je nach Stricktechnik und Maschenbild auf der Vorderseite (rechte Stoffseite) und auf der Stoffrückseite (linke Stoffseite) unterscheidet man zwischen verschiedenen Stoffarten. Die gängigsten davon sind:

[1] **Single-Jersey**: mit rechten Maschen auf der rechten Stoffseite und linkem Maschenbild auf der Stoffrückseite, oft als Stretchjersey mit Elasthananteil.

[2] **Interlock**: mit rechten Maschen auf beiden Seiten.

[3] **Sweatshirtstoff**: ähnlich wie Single-Jersey mit rechten Maschen auf der Vorderseite und Schlingen (3a) oder angerauter Oberfläche (3b) auf der linken Stoffseite.

[4] **Viskose-Jersey**: glatter, oft leicht glänzender Stoff mit weichem Fall.

[5] **Jacquard-Jersey**: wird an zwei Nadelreihen gestrickt und weist bisweilen eine gemusterte Struktur auf, eine Form des Double-Jersey.

[6] **Bündchenware**: fein (6a) oder grob gerippter (6b) Strickstoff mit einem eher hohen Elasthananteil von 5 bis 10% für Abschlüsse an Hals und Saum.

[7] **Doubleface-Jersey**: erhältlich in den verschiedenen Jerseyarten mit zwei verschiedenen Stoffseiten.

Single-Jersey ist als Baumwoll-Jersey erhältlich und besteht zu 100% aus Bauwollfasern. Wird Baumwolle ein Elasthananteil beigemischt, spricht man von **Stretchjersey**. Elasthan sorgt nämlich dafür, dass ein Stoff nicht nur dehnbar, sondern auch elastisch ist – sich also in seine Ursprungsform zurückzieht. Wird in diesem Buch als Materialangabe allgemein von „Jersey“ gesprochen, ist diese Art des Jerseys gemeint.

Häufig wird auch **Interlock** aus 100% Baumwolle hergestellt, im Handel gibt es jedoch auch Kunstfaser-Interlocks. Dieser Jerseystoff ist meist dicker und wärmt mehr als Single-Jersey. Während die Kanten bei Jersey oftmals einrollen, liegen sie bei Interlock glatt. Interlock hat einen weichen Griff und lässt sich ziemlich leicht verarbeiten.

Für Damenbekleidung kommt oft auch **Viskose-Jersey** zum Einsatz. Dieser Jersey hat einen sehr weichen, fließenden Fall und wirkt durch die häufig leicht glänzende Oberfläche eleganter als herkömmlicher Jersey. Viskose-Jersey wird aus Kunstfasern hergestellt und wärmt nicht.

Sweat – ein dickerer Stoff, der sich besonders gut für Jacken, Kapuzenpullover oder Sportbekleidung eignet. Er ist auch als leichter Sommersweat erhältlich, der sich ähnlich wie Jersey einsetzen lässt. Bei Schnittmustern, die für Jerseystoffe ausgelegt sind, muss bei Sweat darauf geachtet werden, wie fest und dehnbar er ist. Nicht jeder Sweat eignet sich für eng anliegende Jersey-Bekleidung. Sweatshirtstoff hat wärmende Eigenschaften.

Jacquard-Jersey ist eine Maschenware mit oftmals deutlich sichtbaren Maschen und einer fühlbaren Struktur. Er hat wärmende Eigenschaften.

Weitere dehnbare Stoffe, die sich auch für viele in diesem Buch enthaltene Schnittmuster eignen, sind **Nicky**, **Frottee** oder **Fleece**. Bei all diesen Stoffen muss unbedingt auf ihre Dehnbarkeit geachtet werden. Die Stoffe haben zwar meist einen Polyesteranteil, sind aber wärmend.

Doubleface-Jersey bekommt man in verschiedenen Qualitäten wie etwa Viskose-Jersey, Strickjersey oder Interlock. Das besondere am Doubleface-Jersey sind seine zwei verschiedenen Stoffseiten, die beispielsweise in zwei unterschiedlichen Farben gefertigt wurden. So lassen sich schöne Akzente setzen, wenn beispielsweise ein Ärmel hochgekrempelt und eine andere Farbe sichtbar wird.

Neben der Materialzusammensetzung unterscheiden sich die Stoffe vor allem im Gewicht. Das **Gewicht** gibt Aufschluss über die Dicke des Stoffes, die wiederum dessen Einsatzgebiet bestimmt.

Stretchjersey ist für T-Shirts oder andere eng anliegende Oberteile oder Kleider optimal. Soll es etwas schicker sein, bietet sich Viskose-Jersey an, gemütlich und trotzdem nicht nur sportlich ist Jacquard-Jersey.

Beim Kauf der Stoffe sollte man auf die **Pflegehinweise** achten. Die meisten Jerseys lassen sich problemlos waschen und viele auch im Trockner trocknen. Da sie meist einlaufen, sollten sie vor dem Nähen immer vorgewaschen werden.

JERSEY NÄHEN – MIT DER NÄHMASCHINE

Jersey zu verarbeiten gelingt auch mit einer einfachen Haushaltsmaschine, wenn einige wichtige Dinge berücksichtigt werden.

DIE RICHTIGE NADEL

Zunächst sollte man für ein sauberes Stichbild unbedingt eine Jerseynadel mit 75-90er Stärke verwenden. Sie hat eine abgerundete Kugelspitze und sticht so zwischen den einzelnen Maschen ein, dass sie nicht verletzt werden. Je nach Hersteller sind Nadeln mit runder Spitze im Handel auch unter der Bezeichnung Stretchnadel erhältlich.

Eine feine Jerseynadel mit maximal 80er Stärke vermindert zudem das „Fressen" von Stoff, bei dem der Jersey vor allem zu Nahtbeginn in das Loch der Stichplatte gedrückt und nach unten gezogen wird.

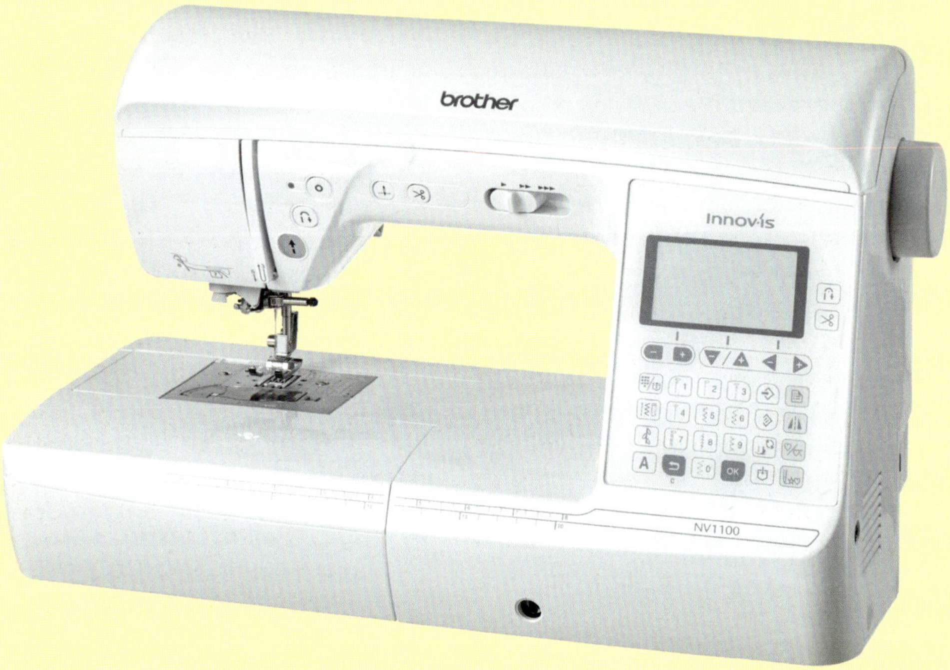

DER RICHTIGE STICH

Die Stichauswahl der Nähmaschine hängt stark vom Modell ab. Grundsätzlich gilt, dass die Stichauswahl mit steigendem Preis der Maschine größer wird. Doch über die Grundstiche Geradstich und Zickzackstich verfügt jede zeitgemäße Nähmaschine und diese beiden Stiche reichen prinzipiell auch aus.

Wichtig beim Nähen von Jerseystoffen ist die Elastizität der Naht – besonders da, wo der Stoff beim Anziehen oder Tragen stark gedehnt wird, zum Beispiel am Halsausschnitt oder an den Säumen.

Je nach Verfügbarkeit eignen sich folgende Stiche für verschiedene Einsatzgebiete:

Der **Geradstich (1)** ist beim Nähen von Jersey nicht so wichtig wie beim Verarbeiten von Webware. Denn Geradstichnähte sind nur wenig dehnbar. Trotzdem kann im Maschenlauf auch mit Geradstich genäht werden, beispielsweise beim Nähen von Bündchen zum Ring. Außerdem eignet sich der Geradstich für Steppnähte, die entweder wenig unter Spannung stehen (bei Applikationen, aufgesetzten Taschen) oder auf bereits gedehntem Stoff gearbeitet werden (bei Einfassungen).

Über einen **Zickzackstich (2)** verfügt nahezu jede Nähmaschine. Beim Zusammennähen sollte eine kurze Stichlänge gewählt werden, weil sich sonst aufgrund des Zickzackverlaufes des Stichs Lücken in der Naht bilden – umso mehr, je weiter die Einstichpunkte der Zickzacknaht auseinanderliegen. Gewünscht ist ein eher schmaler Zickzackstich mit Zacken, deren Spitzen 2–3 mm Abstand zueinander haben. Grundsätzlich gilt dabei: Je flacher der Zickzackverlauf, desto weniger dehnbar ist die Naht. Im mäßig spitzen Winkel ermöglicht der Zickzackstich dehnbare Säume oder Steppnähte, und besonders eng eingestellt werden mit ihm Rollsäume gearbeitet. Auch zum Applizieren ist dieser Stich sehr wichtig.

Vor allem zum Säumen und Absteppen von dehnbaren Stoffen eignet sich der **dreigeteilte Zickzackstich (3)**. Diese Nähte bleiben besonders dehnbar, der Stich ist daher besonders für stärker belastete Nähte wie z. B. Halsausschnitte ideal, die beim An- und Ausziehen gedehnt werden. Kurz eingestellt, können Nähteile damit auch zusammengenäht werden.

Der **Elastikstich (4)** verläuft in eher längsgerichteten Zacken - immer vor und zurück nebeneinander. Die Nähte sind schmal und elastisch und damit sowohl zum Zusammennähen als auch für Steppnähte gut geeignet.

Der **dreifache Geradstich (5)** hat eine geringe Elastizität und eine hohe Reißfestigkeit, eignet sich also besonders für Nähte, die große Belastungen aushalten müssen. Die Naht ist sehr dicht und bildet auch bei Zug keine Lücken. Mit dem dreifachen Geradstich lässt sich zudem sehr gut und haltbar Jersey applizieren.

Da durch Elastikstich und dreifachen Geradstich schmale Nähte entstehen, lassen sich die Nahtzugaben bei ihnen stark zurückschneiden. So werden bei Bündchen und gedoppelt Genähtem besonders flache Nähte möglich, die weder drücken noch auftragen.

Pseudo-Overlockstiche (6+7) gibt es in verschiedenen Ausführungen. Sie nähen in einem Arbeitsgang zusammen und versäubern auch zugleich, dabei bleiben die Nähte elastisch. Das ähnelt der Arbeitsweise einer Overlockmaschine.

Ein professionelles Aussehen bekommt Kleidung, wenn man beim Absteppen und Säumen zur **Zwillingsnadel (8)** greift. Die Nadeln nähen mit zwei Oberfäden im Geradstich, während der Unterfaden auf der Rückseite im Zickzackstich verläuft. So entstehen zwei akkurat parallel verlaufende, dehnbare Nähte. Dabei sind oft Adaptionen der Fadenspannung nötig, da der Unterfaden wirklich im Zickzack verlaufen muss. Das lässt sich meist durch eine Erhöhung der Oberfadenspannung erreichen.

JERSEY NÄHEN – MIT DER OVERLOCK

Besonders professionell werden die Nähergebnisse, wenn mit einer Overlockmaschine oder einer Coverlock gearbeitet wird. Beide Maschinen sind zwar nicht wirklich notwendig, doch die Anschaffung einer Overlockmaschine kann sich schon sehr schnell lohnen. Sie bedeutet eine enorme Arbeitserleichterung.
Mit der Overlockmaschine werden die Kanten meist mit vier Fäden - zwei Nadelfäden und zwei Greiferfäden - gleichzeitig zusammengenäht und versäubert. Das Messer der Overlock kann die Kante dabei nach Bedarf während des Nähens zusätzlich auf die richtige Breite zurückschneiden.
Overlocknähte sind nicht nur ausgesprochen dehn- und belastbar, eine Overlock näht auch wesentlich schneller als eine Haushaltnähmaschine. Außerdem sind viele Overlockmaschinen mit einem Differenzialtransport ausgestattet, der feine und dehnbare Stoffe besonders gleichmäßig transportiert.

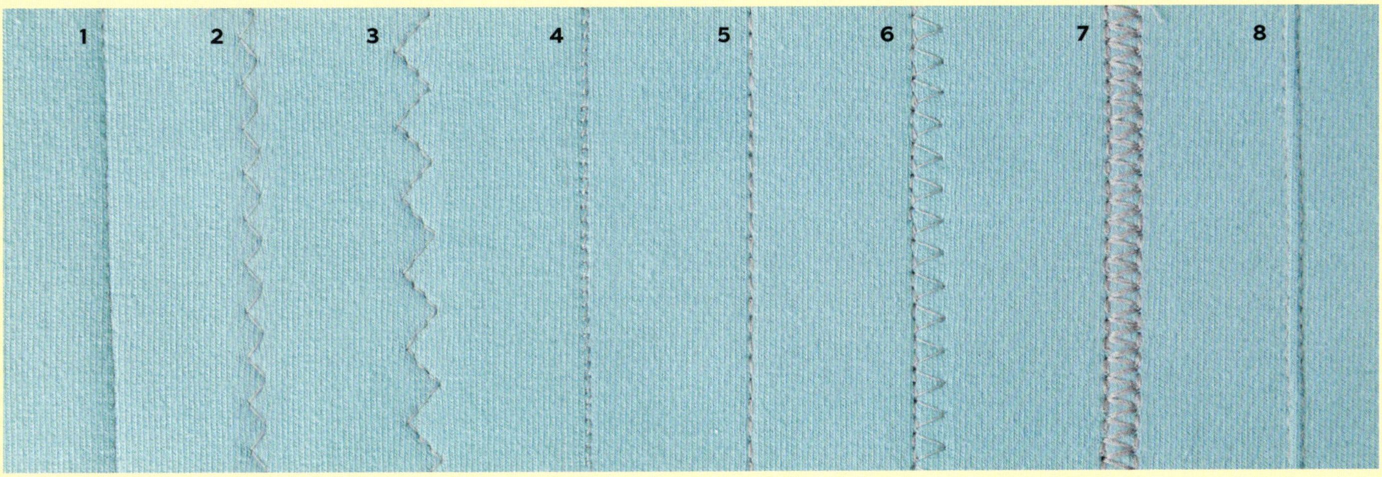

HÄUFIGE PROBLEME VERMEIDEN

Beim Nähen von Jersey treten gelegentlich einige Schwierigkeiten auf, die sich jedoch mit ein paar kleinen Tricks leicht umgehen lassen.

Das häufigste Problem beim Verarbeiten von dehnbarer Maschenware ist, dass sich die Nähte unschön wellen. Vor allem beim Absteppen ist das häufig zu beobachten. Ursache dafür ist, dass der Stoff beim Nähen gedehnt wird. Deshalb ist es sehr wichtig, den Stoff nur vorsichtig unter der Maschine zu führen und auf keinen Fall zu ziehen. Besitzt die Maschine einen verstellbaren Nähfußdruck, sollte man ihn am besten stark reduzieren. So wird von oben weniger Druck auf den Stoff ausgeübt.

Auch ein zuverlässiger Transport ist essenziell. Ein Obertransportfüßchen, das es für die meisten handelsüblichen Maschinen als Zubehör gibt, kann dabei von großem Nutzen sein.

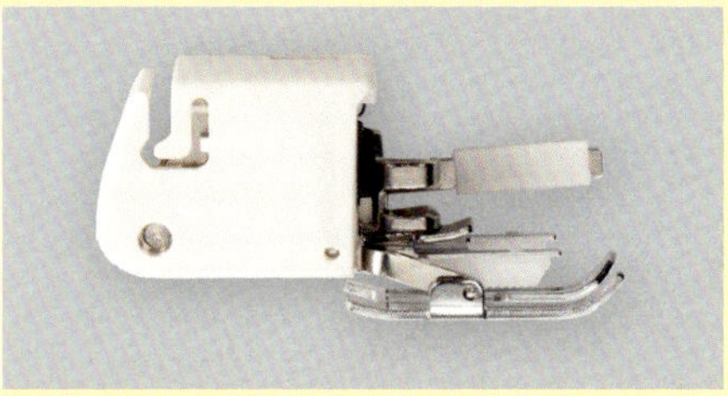

Alternativ hilft es, ein Stück ausreißbares Stickvlies zuunterst mitlaufen zu lassen. Der Transporteur der Maschine kann so besser greifen, der Stoff wird stabilisiert und vor dem Ausdehnen bewahrt. Das Vlies wird anschließend wieder entfernt. Ist kein Stickvlies zur Hand, hilft auch ein Stück Küchenrolle. Diese Hilfsmittel kommen auch bei Applikationen auf Jersey zum Einsatz.

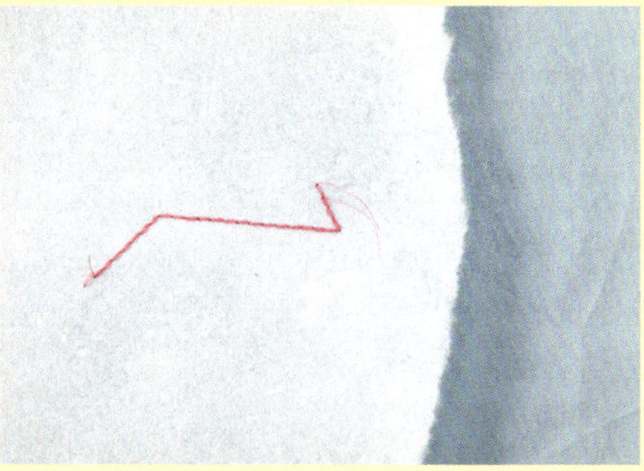

Am Nahtanfang kann es vorkommen, dass die Nadel (vor allem, wenn sie zu dick oder zu stumpf ist) den Stoff in das Loch der Stichplatte hineindrückt. Hier spricht man auch von „Stofffressen“. Um dieses Phänomen zu vermeiden, hält man Ober- und Unterfaden am Nahtbeginn fest und zieht sie ganz sanft nach hinten weg, sobald man zu nähen beginnt. So kann der Stoff nicht eingezogen werden, da ihn die Fäden oben halten und der Transport über die Öffnung unterstützt wird.

SÄUMEN

Da Kleidungsstücke aus Jersey dehnbar sind, müssen auch ihre Säume dieser Dehnung standhalten.

Jersey franst nicht aus und muss deshalb prinzipiell nicht gesäumt werden. Modische Akzente lassen sich daher auch mit einer Overlocknaht als Abschluss setzen. Trotzdem wird Jerseykleidung normalerweise mit einem einfachen Umschlag gesäumt oder mit einem Rollsaum oder dessen Variation, dem Wellensaum, versehen. Besonders gut lässt sich Jersey mit einer Coverlock säumen.

BÜNDCHEN ANNÄHEN

Bündchen können aus verschiedenen Stoffen genäht werden. Je nach Dehnbarkeit des Stoffs ändert sich die Berechnung der Bündchenlänge. Hierzu gibt es folgende Faustformeln:

Bündchenware:
Ausschnittlänge x 0,7
Jerseystoff:
Ausschnittlänge x 0,8
Sweatstoff:
Ausschnittlänge x 1

Die Bündchen zunächst zum Ring nähen, dazu die kurzen Seiten rechts auf rechts legen und mit (dreifachem) Geradstich, Elastikstich, einem Pseudo-Overlockstich oder der Overlockmaschine sorgfältig zusammennähen.
Die Bündchen links auf links in der Hälfte falten. Sie sind jetzt nur noch halb so hoch wie vorher, die rechte Stoffseite liegt außen.

Die offenen Bündchenkanten mit Stecknadeln in zwei Hälften einteilen, Halsbündchen vierteln. Die Ausschnitte analog dazu einteilen. Anschließend die Bündchen so auf die Ausschnitte stecken, dass die Markierungsnadeln jeweils aufeinandertreffen. Die Bündchen gleichmäßig gedehnt mit einem dehnbaren Stich annähen.

Damit eine gleichmäßige Dehnung gelingt, jeweils nur die Strecke zwischen zwei Nadeln während des Annähens dehnen. Anschließend die folgende Stecknadel entfernen und den nächsten Abschnitt dehnen und zusammennähen. Dabei immer ausschließlich das Bündchen dehnen und nicht den Stoff des Kleidungsstückes.
Beim Annähen am besten innen auf dem Bündchen nähen, die Nadelstange fungiert dabei als Freiarm. So gelingt auch das Annähen kleiner Bündchen problemlos.

Anschließend die Nahtzugaben in das Kleidungsstück legen und mit einem dehnbaren Stich, (z. B. Zickzack-, Elastik- oder dreifachem Geradstich) absteppen. Auch dehnbare Zierstiche wie der Wabenstich eignen sich hierfür prima. Da sich diese Nähte gerne wellen, sollte man auf das Absteppen verzichten, den Nähfußdruck reduzieren oder einen Obertransportfuß verwenden.

EINFASSEN

Anstatt die Kanten eines aus Jersey gefertigten Kleidungsstückes zu säumen, kann man sie auch mit einem Streifen aus Bündchenware oder Stretchjersey einfassen. Dies gelingt ebenfalls mit Falzgummi oder Schrägband aus Jersey.

Bei den Modellen in diesem Buch werden Kanten häufig mit Jersey- bzw. Bündchenstreifen eingefasst. Die Streifen werden im rechten Winkel zum Maschenlauf zugeschnitten und haben eine nach fertiger Breite und verwendeter Nahtzugabe definierte Höhe.

Am einfachsten ist es, die Streifen längs links auf links zu falten und in doppelter Stofflage anzunähen (Faltmethode). Eleganter wirkt die unten offene oder geschlossenen Einfassung. Dabei wird der Streifen mit einer Seite angenäht, um die Kante gelegt und anschließend abgesteppt.

KELLERFALTEN

Als Kellerfalte bezeichnet man eine Falte in einem Kleidungsstück, bei der zwei einander zugewandte Stoffkanten gegeneinanderstoßen. Die Kellerfalte sorgt für etwas Mehrweite und ist gleichzeitig ein echter Hingucker. Oft werden mehrere Kellerfalten nebeneinander platziert.

Um eine Kellerfalte zu nähen, zunächst die Markierungen des Schnittmusters auf die linke Stoffseite übertragen. Jede Kellerfalte besteht aus zwei Außenmarkierungen und der Mittellinie.

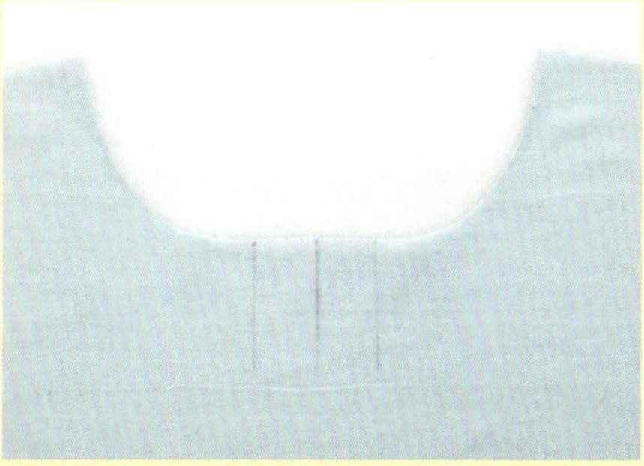

Das Kleidungsstück entlang der Mittellinie rechts auf rechts in den Stoffbruch legen. Die Außenmarkierungen liegen nun übereinander. Die Außenmarkierungen bis zur Markierung zusammensteppen und das Nahtende gut sichern.

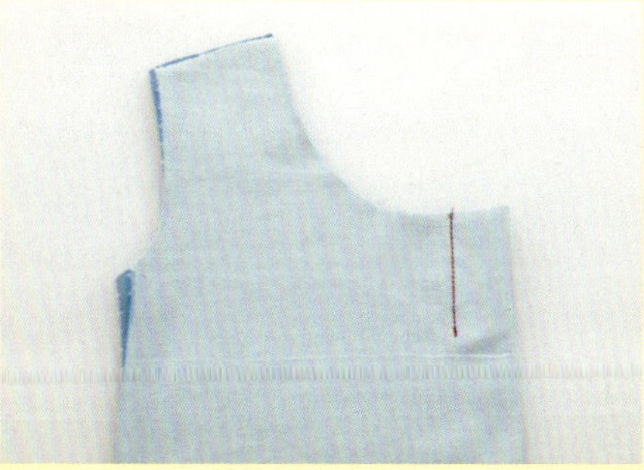

Die so entstandene Kellerfalte nun gleichmäßig nach links und rechts legen und in der Nahtzugabe fixieren. So kann sie bei der weiteren Verarbeitung nicht mehr verrutschen.

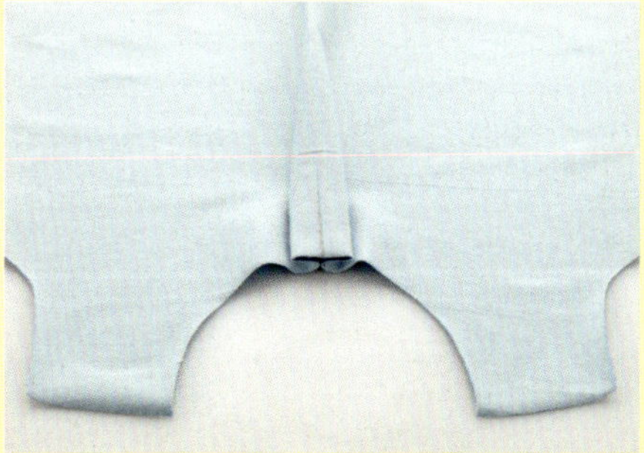

RAFFEN MIT NÄHFADEN

Beim Raffen wird der Stoff in kleine Fältchen gelegt, die beispielsweise bei Röcken oder Rockteilen von Kleidern für eine romantische Optik und mehr Volumen sorgen. Diese Technik ist bei Webware sehr verbreitet, sie eignet sich aber genauso gut für Jerseystoffe.

1 Um Stoff zu raffen, in dem zu raffenden Bereich innerhalb der Nahtzugabe eine Naht mit Geradstich in großer Stichlänge und eine Oberfadenspannung nahe Null setzen, Nahtanfang und -ende nicht verriegeln. Am Anfang und am Ende der Naht ca. 15 cm lange Fäden stehen lassen.

2 Den Stoff nun entlang des Unterfadens zusammenschieben, bis die gewünschte Länge erreicht ist. Die Fadenenden anschließend verknoten und das geraffte Teil weiterverarbeiten. Zum Schluss die Rafffäden entfernen.

EINFACHE BRIEFECKE

1 Mit Briefecken lassen sich Ecken an Säumen und Kanten sauber verarbeiten. Die Nahtzugabe an den Kanten zuerst 1 cm auf links bügeln und den Umschlag wieder auffalten, die Bügellinie ist später die fertige Kante.

2 Die Ecke diagonal auf links falten, sodass die gebügelten Linien aufeinandertreffen. Den Umschlag bügeln und wieder auffalten.

3 Die Stoffkanten an der Ecke bündig rechts auf rechts falten, sodass die Bügellinien aufeinandertreffen. Die Ecke entlang der schräg zu den Kanten verlaufenden Bügellinie abnähen.

4 Die Nahtzugaben zurückschneiden, die Ecke wenden und bügeln.

BUCHEMPFEHLUNGEN FÜR DICH

Noch mehr kreative Bücher zum gleichen Thema gesucht?

ISBN 978-3-7724-4860-7

ISBN 978-3-7724-6881-0

ISBN 978-3-7724-6865-0

ISBN 978-3-7724-6891-9

ISBN 978-3-7724-4880-5

ISBN 978-3-7724-4877-5

ISBN 978-3-7724-4835-5

ISBN 978-3-7724-6883-4

ISBN 978-3-7724-6850-6

Noch mehr Kreativ-Bücher findest du auf www.TOPP-kreativ.de

NOCH MEHR BÜCHER FÜR DIE GANZ GROSSE JERSEY-LIEBE

ISBN 978-3-7724-6855-1

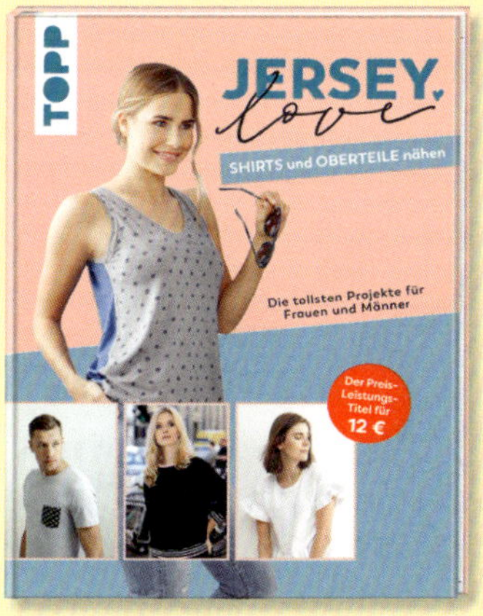

ISBN 978-3-7724-4869-0

ISBN 978-3-7724-4862-1

ISBN 978-3-7724-4808-9

ISBN 978-3-7724-6991-6

ISBN 978-3-7724-8168-0

#TOPPPROJEKT

Die eigene Kreativität zeigen: TOPPprojekt mit anderen Kreativen teilen und Teil der Gemeinschaft werden.

DIY-begeistert und auf Instagram? Dann unbedingt mitmachen! Hier gibt's Tipps und Feedback zu den eigenen Projekten. Außerdem verlosen wir jeden Monat ein Überraschungspaket. Um am Gewinnspiel teilzunehmen, einfach ein Bild vom Kreativ-Projekt aus unseren Büchern mit #TOPPprojekt posten und unserem Account @frechverlag folgen. Mehr Infos auf TOPP-kreativ.de/TOPPprojekt

Webseite

Auf TOPP-kreativ.de gibt es ein riesiges Angebot von über 1.000 Kreativbüchern, Sets und mehr zu entdecken.

Newsletter

Immer als Erstes von unseren Neuheiten und Sonderaktionen erfahren: TOPP-kreativ.de/newsletter

Instagram

@frechverlag

Pinterest

pinterest.com/frechverlag

Facebook

facebook.com/frechverlag

DigiBib

Hier gibt es zusätzlich zu einigen unserer Bücher digitale Extras, wie Video-Tutorials, Plotter-Dateien, Vorlagen, Übungsblätter und vieles mehr. Einfach im Impressum eines TOPP-Buchs nachschauen, ob dort ein Code vorhanden ist, und exklusive Inhalte freischalten. TOPP-kreativ.de/digibib

Youtube

youtube.com/frechverlag

WER WIR SIND, WIE WIR ARBEITEN, WAS WIR LIEBEN …

Mehr über uns und unsere Arbeit und immer mit den neuesten Informationen versorgt schnell und einfach auf Instagram, Facebook und Pinterest.

Alle News, alle Infos und alle Links findest du auf www.TOPP-kreativ.de

ÜBER DIE AUTORIN

Franziska Fulvio ist in Thüringen geboren und lebt seit einigen Jahren in Baden-Württemberg. Die Lust am Nähen hat bei Franziska bereits als junges Mädchen begonnen. Damals war Mamas Stoffkiste perfekt für die ersten Nähversuche und in schnellen Zügen geplündert. Als es dann um die Zukunft ging, war bald klar, dass sie ihr Hobby zum Beruf machen möchte. Sie hat eine Schneiderausbildung absolviert, ein Studium zur Bekleidungstechnik angehängt und arbeitet nun in einem sehr erfolgreichen Modeunternehmen.
2012 hat Franziska bei Dawanda einen kleinen Shop gegründet und verkauft dort selbstgenähte Produkte wie Kosmetiktaschen, Handtaschen, Reiseetuis und vieles mehr. Seit 2014 bietet sie individuell bestickbare Produkte an wie Schlüsselanhänger, U-Heft-Hüllen, oder Hüllen für Mutterpässe. Inzwischen entwickelt sie auch Stickdateien wie für Logos oder andere Motive.
Franziska Fulvio ist Mama von zwei wunderbaren Jungs und hat während ihrer Elternzeit einen eigenen Blog gestaltet, in dem sie immer wieder neue Anleitungen und Ideen veröffentlicht.

DANK

Danke an Swafing (www.swafing.de) für die freundliche Zusammenarbeit!

UNSER SERVICE FÜR SIE

Hilfestellung zu allen Fragen, die Materialien und Bücher zu kreativen Hobbys betreffen:
Frau Erika Noll berät Sie. Rufen Sie an oder schreiben Sie eine E-Mail!
Telefon: 07 11 / 12 37 57 20* *normale Telefongebühren
E-Mail: mail@kreativ-service.info

IMPRESSUM

DER DOWNLOAD-CODE FÜR DIE VORLAGE LAUTET: 10996
MODELLE: Franziska Fulvio
TEXTE: Pauline Dohmen (Seite 96-103), Franziska Fulvio (Seite 103 („Einfache Briefecke") und alle übrigen)
FOTOS: frechverlag GmbH, 70499 Stuttgart, Franziska Fulvio (Seite 103 („Einfache Briefecke")), lichtpunkt, Michael Ruder, Stuttgart (alle übrigen)
PRODUKTMANAGEMENT: Lisa-Marie Weigel
LEKTORAT: Christine Schlitt, Worms
LAYOUT: Petra Theilfarth
DRUCK: Neografia, Slowakei

MIX
Papier | Fördert gute Waldnutzung
FSC® C020353
Penguin Random House Verlagsgruppe
FSC® N001967

Materialangaben und Arbeitshinweise in diesem Buch wurden von der Autorin und den Mitarbeiterinnen des Verlages sorgfältig geprüft. Eine Garantie wird jedoch nicht übernommen. Das Werk und die darin gezeigten Modelle sind urheberrechtlich geschützt. Die Vervielfältigung und Verbreitung ist, außer für private, nicht kommerzielle Zwecke, untersagt und wird zivil- und strafrechtlich verfolgt. Dies gilt insbesondere für eine Verbreitung des Werkes durch Fotokopien, Film, Funk und Fernsehen, elektronische Medien und Internet sowie für eine gewerbliche Nutzung der gezeigten Modelle. Bei Verwendung im Unterricht und in Kursen ist auf dieses Buch hinzuweisen.

2. Auflage 2022
© 2022 frechverlag GmbH, Dieselstraße 5, 70839 Gerlingen, einem Unternehmen der Penguin Random House Verlagsgruppe GmbH, München
ISBN 978-3-7724-4881-2 · Best.-Nr. 4881